QUE SAIS-JE ?

La Caisse des Dépôts

JEANNE SCHPILBERG-KATZ

ISBN 978-2-13-056607-6

Dépôt légal — 1re édition : 2008, octobre

AVANT-PROPOS

Tous les Français connaissent l'existence de la Caisse des dépôts et consignations, qui constitue avec ses filiales un groupe public appelé usuellement « groupe Caisse des Dépôts ».

Peu en connaissent l'histoire et les activités. C'est pour remédier à cette situation que Jeanne Schpilberg-Katz, collaboratrice de la Caisse des Dépôts depuis 1986 et passionnée par son histoire, a réalisé ce « Que sais-je ? ». Il est à jour des dernières orientations du plan stratégique « Élan 2020 », arrêté en décembre 2007, ainsi que des modifications apportées par la loi de modernisation de l'économie du 4 août 2008.

Avec ses filiales, la Caisse des dépôts et consignations constitue aux termes de la loi « un groupe public au service de l'intérêt général et du développement économique du pays ». Quelle plus belle mission pour une entreprise que de se voir assigner un tel objet social ?

Le groupe Caisse des Dépôts est exceptionnel non seulement par ses missions, mais aussi par sa gouvernance. La loi de 1816 a placé la Caisse des dépôts et consignations « de la manière la plus spéciale [...] sous la surveillance et la garantie de l'autorité législative ». La loi confie cette mission à une Commission de surveillance présidée par un parlementaire. Cette fonction est aujourd'hui exercée par Michel Bouvard, député de la Savoie.

Il s'agit d'une singularité dans les institutions françaises qui contribue à donner à ce groupe le sens du long terme, corollaire de son indépendance.

À ses missions traditionnelles décrites dans cet ouvrage, le législateur a tenu à ajouter dans la loi du 4 août 2008 celle d'être « un investisseur de long terme » et de « contribuer, dans le respect de ses intérêts patrimoniaux, au développement des entreprises ». En précisant cette dimension de sa mission au service du développement économique du pays, le Parlement a pris acte du besoin croissant qu'expriment aujourd'hui les entrepreneurs d'être accompagnés dans la durée par des actionnaires associés à leurs prises de risques et à leurs investissements.

Cette évolution de la définition des missions de la Caisse des Dépôts illustre sa permanente « réinvention » pour mieux s'adapter aux urgences du pays.

Qu'est-ce en effet que l'intérêt général, sinon la recherche constante des actions permettant le bien-être de chacun, actions qui varient au fil du temps et doivent sans cesse être réinventées ?

L'aventure de l'adaptation de la Caisse des Dépôts, depuis 1816, aux besoins de nos concitoyens vous est présentée ici et contribuera, je le souhaite, à une meilleure compréhension de son action.

Augustin de Romanet,
directeur général de la Caisse des Dépôts.

INTRODUCTION

Que sais-je de la Caisse des Dépôts ? Beaucoup d'entre vous, sans doute, répondraient : « Peu de choses. » La Caisse des Dépôts est mal connue des Français, alors même qu'elle est très présente dans leur vie quotidienne. La raison en est simple : son action est, dans la plupart des cas, intermédiée par un partenaire, un client, une collectivité locale, une filiale...

La Caisse des Dépôts dans la vie quotidienne des Français

Les détenteurs de livret A ou d'autres livrets d'épargne populaire savent-ils que la Caisse des Dépôts assure la sécurité et la rémunération de leurs économies ? Les clients des notaires savent-ils que leurs fonds, dans l'attente de la finalisation d'une succession ou d'une opération immobilière, sont mis par la loi sous la protection de la Caisse des Dépôts ? Les retraités de la fonction publique territoriale ou de la fonction publique hospitalière savent-ils que, au travers de la CNRACL ou de l'Ircantec, la gestion de leur régime de retraite est assurée par la Caisse des Dépôts ?

Les personnes qui vivent dans le parc HLM savent-elles que la Caisse des Dépôts finance la construction et la rénovation de leur logement ? Les habitants de tel ou tel quartier savent-ils que la Caisse des Dépôts investit dans sa restructuration et son développement économique ? Plus largement, savent-ils que la Caisse des Dépôts accompagne, aux côtés des collectivités locales, le développement de leur département, de leur région ?

Les PME au capital desquelles entre un fonds de capital-risque savent-elles que la Caisse des Dépôts en est le principal investisseur ? Les collaborateurs de telle ou telle grande entreprise du CAC 40 savent-ils que la Caisse des Dépôts stabilise l'actionnariat de leur groupe par sa présence à son capital sur le long terme ?

Les étudiants strasbourgeois savent-ils que la Caisse des Dépôts accompagne le rapprochement de leurs trois grandes universités qui permettra la naissance d'un pôle d'excellence en matière de recherche et d'enseignement ?

Les habitants de tel ou tel territoire savent-ils que la Caisse des Dépôts a su réunir le tour de table nécessaire au financement du parc d'éoliennes qui fournit une part croissante de l'énergie qu'ils consomment ?

Les Grenoblois savent-ils que, au travers de sa filiale Transdev, la Caisse des Dépôts assure leur réseau de transport urbain, comme celui de tant d'agglomérations, grandes, moyennes ou petites ?

Les patients soignés à la clinique d'Agen, les élèves du lycée Rémire-Montjoly, en Guyane, savent-ils que leur établissement de santé ou d'enseignement a été construit, comme des dizaines d'autres, par Icade, filiale immobilière de la Caisse des Dépôts ? Les locataires d'Osica savent-ils que, au travers du groupe SNI, la Caisse des Dépôts est le premier gestionnaire de logements sociaux et intermédiaires en France ?

Il faut arrêter ici cet inventaire, pourtant loin d'être exhaustif, afin de ne pas être fastidieux. Au fil des exemples, il a cependant permis de mettre en lumière quelques termes clés pour la compréhension de la Caisse des Dépôts : intérêt général, long terme, sécurité, protection, développement économique et territorial, collectivités locales, investissement...

Mal connue, la Caisse des Dépôts est aussi, parfois, mal comprise. Sans doute en raison de la multiplicité de ses champs d'intervention qu'illustre l'énumération qui précède. Sans doute aussi parce que, s'agissant d'un établissement public, certains imaginent que la Caisse des Dépôts gère des fonds publics, des crédits budgétaires. Or il n'en est rien. La Caisse des Dépôts ne gère que des fonds privés. Les textes fondateurs de 1816 lui donnent en effet la responsabilité d'« assurer la mission de dépositaire de confiance de fonds privés ».

Au confluent des sphères publique et privée, servir l'intérêt général

Quel fil conducteur tisse la logique économique et industrielle du groupe Caisse des Dépôts ? La réponse, là encore, est simple : le service de l'intérêt général et du développement économique. Et c'est dans ce cadre de l'utilité collective qu'il exerce ses différents métiers.

La Caisse des Dépôts est en premier lieu *gestionnaire de mandats publics* qui lui sont confiés par la loi ou les pouvoirs publics : gestion des fonds des professions juridiques ; gestion de régimes de retraite ; gestion de fonds d'épargne réglementée et transformation de ces fonds en *prêts* au logement social et au renouvellement urbain. Elle assure ces mandats à prix coûtant, sans en retirer aucun bénéfice.

Elle est aussi *investisseur d'intérêt général,* ce qui signifie qu'elle investit, sur ses fonds propres, dans des programmes d'utilité collective. Elle intervient là où le marché n'est pas encore structuré, là où son intervention est déterminante pour entraîner d'autres investisseurs et, ainsi, permettre à un projet de voir le jour. Dans ce cas, elle accepte des niveaux de retour sur investissement un peu moindres et à un horizon plus lointain que ceux habituellement attendus.

Elle est, également sur ses fonds propres, *investisseur sur les marchés financiers*. *Via* ses importants portefeuilles de valeurs mobilières, en particulier sur le marché des actions, elle participe au capital des grandes entreprises cotées. Ici, son objectif premier est la rentabilité de ses investissements. Elle se différencie cependant des autres acteurs de ces marchés par son horizon de gestion qui s'inscrit dans le long terme et donc dans le service de l'intérêt général.

Avec ses filiales spécialisées dans le *capital-investissement,* elle investit en outre dans le développement des petites et moyennes entreprises. Ici encore, si son objectif est de réaliser un retour sur investissement satisfaisant, sa vocation est d'accompagner ces entreprises dans la durée, afin de leur donner le temps nécessaire à leur développement.

Au travers de ses filiales immobilières et de services, la Caisse des Dépôts est par ailleurs un *opérateur*. L'activité de ses filiales est pleinement inscrite dans l'univers concurrentiel mais elle participe du développement territorial et, ce faisant, de l'utilité collective.

Comme le soulignait le président Jacques Chirac, à l'occasion du 190e anniversaire de l'Établissement, le groupe Caisse des Dépôts se situe ainsi « au confluent des sphères publique et privée ». Le législateur a marqué l'utilité de cette double appartenance en l'inscrivant dans le Code monétaire et financier en 2001 et en la réaffirmant dans le cadre de la loi de modernisation de l'économie du 4 août 2008 : « La Caisse des Dépôts et ses filiales constituent un groupe public au service de l'intérêt général et du développement économique du pays. Ce groupe remplit des missions d'intérêt général en appui des politiques publiques conduites par l'État et les collectivités territoriales, et peut exercer des activités concurrentielles. »

Cette « mixité » du groupe Caisse des Dépôts est une véritable richesse. Dans son appartenance au secteur public, il puise la vision de long terme, les valeurs d'éthique et d'intérêt général. Dans son appartenance au secteur concurrentiel, il puise la recherche constante de la performance, de la meilleure qualité de service, au meilleur coût.

Contribuer à préparer l'avenir

La loi place donc l'ensemble des activités du groupe Caisse des Dépôts au service de l'intérêt général et du développement économique. Or celui-ci est, bien sûr, en constante évolution. Il doit sans cesse être « réinventé » en fonction des attentes de nos concitoyens, des besoins de la société, du contexte économique et social.

Au XIXe siècle, les priorités étaient de développer les chemins de fer, d'électrifier les campagnes, de construire des écoles... Au XXe siècle, il fallait installer le téléphone sur l'ensemble du territoire, bâtir les autoroutes, construire des logements sociaux...

Comment continuer à incarner l'intérêt général dans la France du XXIe siècle ? Pour mieux cerner les urgences du pays et définir ses priorités d'action, le directeur général a souhaité que le groupe Caisse des Dépôts réalise, pour la fin 2007, un important travail collectif afin de se doter d'une feuille de route à moyen et long termes.

La Caisse des Dépôts a conduit cette réflexion à l'horizon de 2020. Dans un monde trop souvent cantonné à des fins de court terme, il est en effet de sa responsabilité d'établissement public de contribuer à préparer l'avenir.

Le plan stratégique, intitulé *Élan 2020,* clarifie l'identité d'investisseur de long terme de ce groupe public au service de l'intérêt général et du développement économique. Il fixe également quatre priorités d'action qui sont autant d'urgences du pays.

1. **La politique du logement et de la ville.** – Il manque encore aujourd'hui près de 1 million de logements sociaux en France. C'est inacceptable. Le groupe Caisse des Dépôts financera et construira 90 000 logements par an à compter de 2010, soit 40 % de plus qu'aujourd'hui. Il rénovera 18 000 logements du parc dont il est propriétaire avec un objectif de haute qualité environnementale. À cet effet, l'Établissement poursuivra la mobilisation

des prêts sur le livret A qui sont déjà passés de 4 Md€ en 2005 à 6 Md€ en 2007.

2. **Les universités et le développement de l'économie de la connaissance.** – L'Université doit redevenir un lieu de promotion sociale et de recherche. La Caisse des Dépôts entend prendre toute sa part dans la réforme qu'autorise la loi sur l'autonomie des universités de 2007. Elle mobilise ses équipes d'ingénierie financière et immobilière ainsi que son réseau territorial au service de cet enjeu national. Elle y consacre un budget d'étude de 10 M€ dès 2008. En rythme de croisière, elle pourra y consacrer une partie de ses investissements d'intérêt général.

3. **Les petites et moyennes entreprises.** – Pour assurer la croissance, la France manque encore d'un tissu d'entreprises de taille moyenne fortement innovantes. Le groupe Caisse des Dépôts apportera des fonds propres à 1 000 PME d'ici 2010, afin, notamment, de leur permettre de développer leurs capacités exportatrices. Il double ainsi son effort : là où il aidait auparavant une PME tous les deux jours, il en aide désormais une par jour. Il y consacrera 1 Md€ dans les trois ans qui viennent.

4. **L'environnement et le développement durable.** – Dans le prolongement du Grenelle de l'environnement, la Caisse des Dépôts développera ses activités dans le marché de la finance carbone, marché qu'elle a largement contribué à créer en France. Elle investira en outre dans les énergies renouvelables pour permettre le développement de ce marché, avec l'objectif de détenir 5 % de la production française d'ici 2010 et 10 % en 2020.

Accompagner les entreprises dans la durée, afin de leur permettre de se développer

Dans le cadre de l'élaboration du plan stratégique, le directeur général a souhaité que la Caisse des Dépôts réfléchisse également sur son action d'investisseur de long terme sur les marchés financiers. Elle détient en effet d'importants portefeuilles de valeurs mobilières, d'une valeur globale d'environ 37 Md€.

Son portefeuille d'actions dans les grandes entreprises cotées s'élève à quelque 21 Md€ en valeur de marché. À ce portefeuille alimenté sur ses fonds propres, il convient d'ajouter le portefeuille d'actions et d'obligations géré pour le compte des fonds d'épargne et qui porte à quelque 30 Md€ les actifs détenus sur le marché des actions. La Caisse des Dépôts est ainsi le premier investisseur en actions de la Place de Paris.

Il s'agit là d'une position et, partant, d'une responsabilité très significatives. Il importe donc de définir précisément la raison d'être de ces portefeuilles et les objectifs poursuivis au travers de leur gestion.

Comme on l'a vu plus haut, et ceci est vrai pour tous ses investissements sur les marchés financiers, la Caisse des Dépôts gère d'abord ses portefeuilles actions dans une optique de rentabilité. Les plus-values dégagées constituent en effet près de la moitié de son résultat annuel. Or ce résultat lui est absolument nécessaire pour assurer ses investissements d'intérêt général, auxquels elle consacre chaque année plus d'un tiers de ses bénéfices.

Elle gère donc ses portefeuilles actions dans une optique de rentabilité, mais aussi dans une optique de long terme. Elle détient nombre de titres sur longue période, entre 5 et 10 ans en moyenne, souvent beaucoup plus. Son horizon de gestion est ainsi considérablement plus long que celui de la plupart des autres intervenants, en particulier les fonds spéculatifs dont l'unique objectif est de rechercher les rendements les plus élevés possibles dans le laps de temps le plus court possible.

La Caisse des Dépôts, elle, a pour objectif d'accompagner les entreprises dont elle est actionnaire dans la durée, afin de leur permettre de se développer.

La crise financière vient une nouvelle fois de mettre en lumière la nécessité pour les entreprises de bénéficier de financements longs et sécurisés.

Dans un pays comme la France qui compte trop peu d'investisseurs de long terme, c'est bien ce que la Caisse des Dépôts entend, dans la mesure de ses moyens, contribuer à apporter. C'est en cela que son intervention sur ce marché est utile pour l'économie et qu'elle ressortit donc à l'intérêt général.

Le président de la République Nicolas Sarkozy a récemment appelé la Caisse des Dépôts à être, en toute indépendance, un instrument au service des entreprises françaises dans l'économie mondialisée. Cette prise de position du chef de l'État l'honore et l'oblige.

Elle s'inscrit dans la droite ligne du plan stratégique Élan 2020 où la Caisse des Dépôts affirme que, dans le cadre de la défense et de la promotion des intérêts économiques primordiaux de la Nation, elle pourra soutenir une opération qui aidera à stabiliser l'actionnariat d'une entreprise dans la durée, ainsi que le développement de ses centres de recherche et de décision en France et en Europe.

La loi de modernisation de l'économie (LME), adoptée par le Parlement en août 2008, inscrit désormais ce rôle dans les textes. Elle enrichit en effet la définition de l'identité de la Caisse des Dépôts en disposant qu'elle est « un investisseur de long terme qui contribue au développement des entreprises ».

Pour autant, et la LME le précise, la Caisse des Dépôts doit investir « dans le respect de ses intérêts patrimoniaux ». Cela signifie que ses investissements ne doivent en aucun cas mettre en péril la sécurité des fonds qui lui sont confiés.

N'oublions pas que la Caisse des Dépôts a été créée pour être un instrument de sécurité financière et qu'au cours de ses bientôt deux cents ans d'existence elle n'a jamais failli à cette mission originelle. Ses investissements doivent donc répondre à des règles exemplaires de transparence et c'est pourquoi, dans le cadre du plan stratégique Élan 2020, Augustin de Romanet, son directeur général, a voulu que ses doctrines d'investissement soient précisées et rendues publiques.

C'est également pourquoi il s'est félicité que la LME ait décidé la création du Comité des investissements que le président de la Commission de surveillance et lui-même avaient appelé de leurs vœux lorsque l'investissement de la Caisse des Dépôts dans EADS en 2006 a fait débat. Cette nouvelle instance de la Commission de surveillance, aux côtés du Comité des fonds d'épargne et de celui des comptes et des risques déjà existants, vient compléter le dispositif de gouvernance de la Caisse des Dépôts. Elle examinera, préalablement à toute décision d'investissement, les opérations les plus importantes en raison de leur montant.

Un mode de gouvernance unique en France

À sa création en 1816, la Caisse des Dépôts a été placée sous la protection et la surveillance du Parlement. Alors que le pays devait surmonter une grave crise financière, l'objectif du législateur était de rétablir la confiance en mettant les fonds privés dont la Caisse des Dépôts est le dépositaire « sous la garantie la plus spéciale » des élus de la Nation. Il s'agit là d'un statut unique en France : les établissements publics sont d'ordinaire rattachés à un ministère de tutelle.

Cette gouvernance originale perdure. La loi de modernisation de l'économie la conforte et la modernise tout à la fois. Elle la conforte, parce que le rôle de protection et de surveillance du Parlement est non seulement réaffirmé mais même renforcé : le Sénat a désormais deux représentants à la Commission de surveillance, au lieu d'un auparavant, ce qui porte à cinq le nombre d'élus de la Nation présents dans cette instance. Ce sont en outre les présidents des deux Assemblées qui nomment les trois personnalités qualifiées désormais amenées à siéger au sein de la Commission.

La gouvernance est également modernisée. En premier lieu, avec la création du Comité des investissements, évoquée plus haut. En second lieu, parce que les capacités de contrôle de la Commission de surveillance sont renforcées afin de garantir l'exemplarité des standards de gestion de la Caisse des Dépôts. À sa demande et sous son contrôle, la Commission de surveillance pourra faire appel à la Commission bancaire en matière de ratios prudentiels et de procédures antiblanchiment.

Être un créateur de solutions durables

François Bloch-Lainé, directeur général de la Caisse des Dépôts de 1952 à 1967, dont le nom est resté attaché à l'extraordinaire élan de reconstruction et de modernisation du pays après la Seconde Guerre mondiale, disait que la vocation de la Caisse des Dépôts était, pour contribuer à répondre aux besoins de la société, d'incuber des idées, des savoir-faire, de faire naître de nouveaux métiers, puis de structurer de nouveaux marchés. Il résumait son propos dans une belle formule : « La Caisse des Dépôts a le goût de la brèche. »

C'est en effet à la Caisse des Dépôts, parmi beaucoup d'autres exemples, que sont nés, au XIXe siècle, les premiers instruments de la prévoyance et de l'assurance. C'est aussi en son sein qu'a mûri l'idée de la gestion collective des valeurs mobilières et que la première SICAV française a été créée. Un peu plus tard, elle a « inventé » l'épargne logement. Elle a aussi été au premier rang de ceux qui ont organisé, sur la Place de Paris, la dématérialisation des titres et des échanges entre établissements financiers...

La Caisse des Dépôts, aujourd'hui, continue à ouvrir de nouvelles brèches, à être un créateur de solutions. Quelques exemples :

- La loi du 21 août 2003 portant réforme des retraites instaure en faveur des Français le droit à l'information sur la retraite. Cela implique un travail considérable d'échange et de consolidation des données entre des dizaines d'institutions : la Caisse des Dépôts est l'un des principaux acteurs du groupement d'intérêt public Info Retraite qui en élabore les circuits collectifs.
- Il faut financer la réduction des émissions de gaz à effet de serre pour que la France tienne ses engagements internationaux : la Caisse des Dépôts a concouru à la naissance, et contribue maintenant au développement, du marché d'échanges de quotas de CO_2.
- Il faut construire plus de logements sociaux malgré la forte hausse du prix des terrains : la Caisse des Dépôts propose aux organismes HLM et aux collectivités locales des prêts très bonifiés pour l'achat du foncier. Il faut rénover le parc ancien pour supprimer les « passoires thermiques » : les bailleurs sociaux bénéficient de ses financements à taux privilégiés destinés à couvrir les surcoûts liés au respect des normes de performance énergétique.
- Il faut développer l'accession sociale à la propriété, gage de mixité dans les quartiers en difficulté : filiale de la Caisse des Dépôts, la SNI a mis au point une formule qui permet aux ménages à faibles revenus d'acheter en deux temps, en remboursant d'abord le coût du bâti, puis celui du foncier.
- Il faut protéger les données confidentielles contenues dans les échanges électroniques : tiers de confiance de données privées, comme elle l'est depuis presque deux cents ans de fonds privés, la Caisse des Dépôts est partie prenante de la sécurité du déploiement de l' « e-administration » et de la mise en œuvre du futur dossier médical personnel.
- Il faut porter assistance aux personnes en situation de dépendance, de plus en plus nombreuses en raison de l'allongement de la vie : CNP Assurances, filiale de la

Caisse des Dépôts, développe les services à la personne et contribue à doter ce marché récent d'une éthique rigoureuse.

À l'occasion du 175e anniversaire de la Caisse des Dépôts, le président François Mitterrand évoquait « l'argent utile, celui du temps long, sur lequel on bâtit ». Le groupe Caisse des Dépôts puise en effet sa capacité à trouver des réponses nouvelles dans ce « temps long ». Sa force – et sa chance –, c'est de pouvoir innover. Ce qu'autorisent, bien sûr, sa solidité financière mais surtout le long terme dans lequel son action s'inscrit.

Chapitre I

DEPUIS 1816, LA CAISSE DES DÉPÔTS EN MOUVEMENT

I. – Les textes fondateurs

1816 : après l'échec des Cent-Jours et la chute définitive de l'Empire, la monarchie est à nouveau rétablie. Cette seconde Restauration n'est pour autant pas un retour à l'absolutisme de l'Ancien Régime ni la négation de l'esprit des Lumières. Les premiers actes de gouvernement de Louis XVIII sont de rétablir le Parlement et d'édicter une Charte constitutionnelle, fortement inspirée des institutions et du régime politique britanniques. Ce texte qui définit, entre autres, les droits et les devoirs respectifs du « Sujet-Citoyen » et de l'État sert de socle à la mise en place de nouvelles institutions, première ébauche d'une monarchie parlementaire « à la française ».

La France est ruinée et occupée. Louis XVIII assigne trois objectifs au gouvernement : relever rapidement l'économie, liquider l'arriéré de la dette publique cumulée depuis la Révolution et régler l'indemnité due à la Coalition, c'est-à-dire la dette de guerre. L'addition est lourde et, l'impôt ne pouvant suffire, il faut recourir à l'emprunt et, pour cela, rétablir au préalable la confiance du citoyen dans le crédit de l'État.

Cette confiance a, en effet, été mise à mal par un long processus de crises financières répétées : la faillite de la Compagnie des Indes et de la Banque royale, en 1720 ; la « Banqueroute des Deux tiers », en 1796, qui divise arbitrairement par trois la dette de l'État ; le financement des

Cent-Jours en 1815, où Napoléon puise dans la Caisse d'amortissement, créée en 1799 afin de gérer la dette publique.

Le 28 avril 1816, le comte Emmanuel Corvetto, ministre des Finances, fait voter la première loi de finances de l'histoire de France. Elle instaure le premier code de finances publiques et pose les responsabilités économiques de l'État.

Elle crée, notamment, par son titre X, toujours en vigueur, un « établissement spécial », la Caisse des dépôts et consignations, chargé d'assurer la mission de dépositaire de confiance de fonds privés. L'article 115 du titre X de la loi la prémunit contre tout acte arbitraire éventuel du pouvoir exécutif, en la plaçant sous la garantie du Parlement, émanation de la Nation, et sous le sceau de la foi publique : « Il ne pourra, dans aucun cas, ni sous aucun prétexte, être porté atteinte à sa dotation, car cet établissement est placé, de la manière la plus spéciale, sous la surveillance et la garantie de l'autorité législative. »

La foi publique : *fides publica*

Les législateurs de 1816 s'inspirent de deux modèles. Le premier est celui de la Banque d'Angleterre qui, dès sa création en 1694, est placée sous la tutelle de la Chambre des lords. Le second remonte à la Rome antique et au concept de la foi publique que l'esprit des Lumières et la Révolution de 1789 ont fait leur. Condorcet et Mirabeau, par exemple, appellent de leurs vœux un retour à la foi, c'est-à-dire à la confiance, publique.

Dans le panthéon romain, Fides est la déesse garante des dépôts privés quelle qu'en soit la justification (dépôts liés aux litiges entre deux individus, dépôts garantissant la bonne exécution d'un contrat, etc.). Son temple est voisin de celui de Jupiter, dieu de la guerre mais aussi du contrat. Cette symbolique confère aux dépôts un caractère sacré.

Les offrandes et les dépôts sont placés dans le temple de Fides, mis sous la garde du Tribun de la Plèbe et, indirectement, sous la garantie du Sénat.

La protection de Fides s'est élargie à l'ensemble des activités économiques et politiques du peuple romain, renforçant le rôle dévolu au Sénat, omniprésent dans la vie de la Cité comme le rappelle la devise « Senatus populusque romanus ». Cette évolution s'étend au concept de Fides qui devient *fides populicae* (foi du peuple) puis *fides publica* (foi publique).

Les débats parlementaires préparatoires à la loi du 28 avril 1816 font fréquemment référence à la foi publique. Ainsi, après le vote de cette première loi de finances, dans un discours fondateur, Emmanuel Corvetto rappelle aux deux Chambres les principes fondamentaux qui motivent leur action et celle du gouvernement : « La dette est sacrée, elle repose sur la foi publique [...]. La loi a prononcé, vous tiendrez les paroles qu'elle a faites, ce n'est qu'à ce prix que vous pouvez espérer d'établir le crédit du gouvernement [...]. La confiance publique rétablira l'équilibre ; cette confiance viendra d'elle-même... Elle sera rassurée sur l'inviolabilité de la foi promise par nos engagements sacrés. [...] La France ne peut prétendre conserver son grand renom d'honneur qu'en remplissant tous ses engagements [...]. À sa renommée militaire si chèrement payée, elle en fera succéder une moins bruyante et plus salutaire, celle du crédit et de la bonne foi qui en est la source. »

La finalité des principes de gouvernance qui encadrent la Caisse des Dépôts est claire : permettre au Parlement, et donc à la Nation, à la fois d'exercer un contrôle sur ses activités et de garantir son autonomie, par l'intermédiaire d'une Commission de surveillance où siègent, notamment, un pair de France (aujourd'hui, un sénateur) et deux députés.

« La Commission de surveillance suit la gestion de la Caisse des dépôts et consignations, adresse au directeur général les remarques que lui inspire sa gestion sans que celles-ci aient une obligation d'application. » Une fois par an, son président rend compte solennellement au Parlement, « en présence du directeur général [...], sur la direction morale et la situation matérielle de l'établissement ». Dans un souci de transparence, dès l'origine, cette audition peut être rendue publique si tel est le souhait du Parlement. Enfin, dans le même esprit, un rapport annuel au Parlement est établi, qui fait l'objet d'une approbation par les représentants de la Nation.

La loi de 1816 spécifie également les droits et devoirs ainsi que le statut du directeur général, du sous-directeur et du caissier général. Le directeur général dispose de pouvoirs de gestion étendus et d'une grande autonomie vis-à-vis de l'exécutif qui ne peut le relever de ses fonctions autoritairement : « Il ne pourra être révoqué que sur une demande motivée de la Commission de surveillance directement adressée au Roi. » Il prête serment de « défendre l'autonomie de l'établissement et de garantir l'inviolabilité des fonds qui lui sont remis en garde ». La loi dispose d'ailleurs encore aujourd'hui qu'il est personnellement et financièrement responsable de la gestion des fonds confiés à la Caisse des Dépôts.

Le législateur place ainsi le directeur général de la Caisse des Dépôts dans une situation exceptionnelle au regard du droit commun. Comme le souligneront les débats parlementaires en 1830 : il « n'est pas un fonctionnaire ordinaire. Hors de toute influence ministérielle, il n'a rien à craindre et à espérer, il est l'homme de la Loi ».

II. – Très vite, un développement considérable des missions et donc des ressources

La loi de 1816 confie à la Caisse des Dépôts la mission de « recevoir, conserver et rendre les valeurs qui lui sont confiées, en ayant assuré leur fructification ». Elle réalise au passage une véritable révolution financière en posant le principe de la rémunération de l'épargne à une époque où, au contraire, les déposants rétribuaient les établissements en charge de sa conservation.

Le texte ne cite qu'un très petit nombre de missions précises confiées à la Caisse des Dépôts : « Recevoir les dépôts des services de la Légion d'honneur, de la Compagnie des canaux, de la Caisse de retraites des administrations. » Ce faisant, il lui ouvre en réalité un champ de développement extraordinairement large : « Les dépôts, les consignations, les services relatifs aux fonds de retraites et autres attributions sont administrés par un établissement spécial sous le nom de Caisse des dépôts et consignations. »

Parce que la volonté de protéger les fonds privés, tant ceux des particuliers que ceux de nombreuses institutions naissantes, est dans tous les esprits après les abus du passé, l'essor des missions confiées à la Caisse des Dépôts, et donc des fonds mis sous sa protection, va être considérable au cours du XIXe siècle.

Les fonds inscrits au bilan de la Caisse des Dépôts, extrêmement modestes à sa création (8 MF en 1816)[1], pas-

1. Les valeurs financières mentionnées dans cet ouvrage sont données en francs ou en euros courants. En effet, sur une période aussi longue que celle étudiée ici, une conversion en monnaie constante ne serait pas signifiante.

sent ainsi à 56 MF dès 1820, 78 MF en 1825, 93 MF en 1830 et 114 MF en 1835. La loi de 1837, qui lui confie la protection des fonds déposés sur le livret des caisses d'épargne, marque un tournant déterminant de sa croissance à venir : son bilan s'élève à 304 MF dès 1840, à 553 MF en 1845.

Les étapes suivantes, qui lui voient confier les fonds des premières caisses de retraite créées en France, en 1850, puis ceux des premières caisses d'assurance, en 1868, confortent cette expansion : en 1860, elle gère 894 MF de fonds, 1 182 MF en 1865, 1 503 MF en 1870, 2 578 MF en 1880, 4 973 MF en 1890.

Aux origines de l'épargne et de la prévoyance

Dans l'Antiquité, la prévoyance (*prudentia,* en latin) est considérée comme une vertu morale. Mais, pour le christianisme, elle est conçue comme une accumulation inutile, un péché contre la foi en la providence divine. Cette vision évoluera dans les pays protestants mais, dans la France catholique et rurale, elle restera prépondérante jusqu'au XVIIIe siècle. Il faudra attendre les philosophes des Lumières pour que la vie, détachée de ses déterminations religieuses, soit envisagée comme « une marche collective de l'humanité vers le bien-être universel ». L'homme, jusque-là enchaîné aux desseins de la providence divine, assume désormais sa liberté : prévoyant, il prend en charge son avenir, il prend son destin en main.

Ce n'est ainsi qu'en 1787 que le roi abolit l'interdiction multiséculaire de l'assurance sur la vie, condamnée par l'Église et le droit canon. Cette autorisation permet la création de l'éphémère Compagnie royale d'assurances sur la vie qui compte notamment, parmi ses actionnaires et administrateurs,

Condorcet, Talleyrand, Mirabeau et Étienne Delessert, le père du fondateur des caisses d'épargne.

Cette première tentative sera balayée par la tourmente révolutionnaire. Mais la pensée des Lumières perdure : l'épargne et la prévoyance sont au centre des esprits de ceux qui, à la Restauration, vont élaborer la Charte constitutionnelle. Il faut, écrit la Commission de surveillance de la Caisse des Dépôts dans son premier rapport au Parlement en 1816, « encourager la prévoyance, montrer aux hommes les plus exposés à recourir, dans leurs maladies et leur grand âge, à la charité publique, que des économies presque imperceptibles sur leur salaire assureraient l'aisance et l'indépendance de leur vieillesse ».

L'objectif est, bien sûr, philanthropique – il faut faire reculer le paupérisme, cause injuste de souffrances –, il est aussi politique. L'épargne, la prévoyance sont autant de remparts contre « un grave risque d'instabilité sociale dû, selon les termes du *Moniteur universel,* à ces classes qui peuvent devenir dangereuses ».

III. – La pédagogie de la prévoyance

Maladie, chômage, accident, vieillesse de l'ouvrier : dans la France de la révolution industrielle, apparaît une nouvelle classe sociale pour laquelle les ressorts traditionnels de solidarité, si forts dans le monde rural, ne jouent plus. Sans travail, le dénuement des pauvres est absolu. Malgré l'urgence des besoins, il faudra pourtant plus de deux ans de débats parlementaires pour qu'une loi soit votée, à laquelle pratiquement tous se sont d'abord opposés : les patrons qui refusent de contribuer aux cotisations ; les ouvriers qui y voient un prélèvement sur leur maigre salaire. Quant à la contribution de l'État, elle serait, selon Adolphe Thiers, alors député, « non seulement injuste mais absurde et déraisonnable ».

La loi du 18 juin 1850 donne enfin naissance à la Caisse nationale des retraites pour la vieillesse (CNRV). Sa gestion est confiée à la Caisse des Dépôts. En 1868, les premières caisses d'assurances sont créées : la Caisse nationale d'assurances en cas de décès (CNAD) et la Caisse nationale d'assurances en cas d'accident (CNAA), elles aussi gérées par la Caisse des Dépôts. Un nouveau pas est franchi avec la loi de 1898 qui indemnise pour la première fois les accidents du travail dans l'industrie.

Le rôle de la Caisse des Dépôts sera d'abord pédagogique pour diffuser l'idée même de prévoyance et d'assurance dans le pays. Il sera aussi celui de « développeur » des premiers instruments de l'activité : intérêts composés, calculs de probabilités, tables de mortalité...

Mais la protection sociale mettra très longtemps à devenir une réalité pour le plus grand nombre : le premier régime obligatoire de retraite des ouvriers et paysans est créé en 1910 ; les assurances sociales ne voient le jour qu'en 1930. Et ce n'est en fait que l'instauration de la Sécurité sociale, en 1945, qui donne consistance à une véritable couverture sociale pour tous.

Auparavant, les lacunes des systèmes existants auront été, bien que partiellement, bien sûr, compensées par le développement de l'activité de prévoyance et d'assurance de la Caisse des Dépôts : en 1850, elle représente 70 MF au passif de son bilan ; 113 236 MF en 1950.

IV. – La problématique de l'emploi des fonds

Dans le même esprit de sécurité, la protection de nouveaux fonds est confiée à la Caisse des Dépôts tout au long du XIXe siècle : ceux du livret d'épargne postale, en 1881, ceux de nouvelles caisses de retraite ou de prévoyance, ceux des sociétés mutualistes...

Une étape décisive pour l'avenir de l'Établissement est franchie en 1890 lorsque la loi lui confie la mission de recevoir les fonds des particuliers transitoirement déposés chez les notaires, notamment dans l'attente de la finalisation d'une succession ou d'une transaction immobilière.

À chaque nouveau développement de ses missions, le volume des fonds gérés par l'Établissement s'accroît et, avec lui, l'acuité d'une question qui va susciter bien des débats, celle de l'utilisation de ces ressources devenues considérables.

L'essentiel des fonds confiés à la Caisse des Dépôts est constitué de ressources volatiles, ou même de ressources à vue qui peuvent être retirées à tout moment par le déposant. C'est le cas, notamment, des dépôts sur les livrets d'épargne.

Deux écoles vont s'affronter sur l'emploi de ces fonds dans une sorte de « querelle des anciens et des modernes ». L'école de la prudence, qui défend la thèse de la sécurité, est prônée, entre autres, par la Commission de surveillance : « Il ne faut pas mettre en danger l'épargne des déposants, et particulièrement celle des plus modestes qui n'ont souvent que le livret pour toute épargne. »

À l'opposé, l'école du développement prône l'utilisation des ressources de la Caisse des Dépôts « dans des placements productifs d'intérêt et utiles au pays, comme les prêts aux collectivités locales » (Auguste Hubbard, député radical).

Plus concrètement, la Caisse des Dépôts doit-elle être un instrument du financement de la dette de l'État (la rente, comme on appelle à l'époque les emprunts d'État) ou un acteur direct du financement de la modernisation du pays au travers de ses prêts et de ses investissements en faveur de l'aménagement du territoire, du développement économique, des entreprises ?...

La thèse des « anciens » prévaudra pendant des décennies : en 1840, sur 304 MF d'actifs inscrits au bilan, il y a 228 MF de valeurs d'État à long terme et seulement

31 MF de prêts – essentiellement aux collectivités locales –, le solde étant constitué de liquidités ; en 1880, pour un actif de 4 973 MF au bilan, ces données sont encore de 4 229 MF et 109 MF.

L'évolution ne commencera à être sensible qu'au tournant du siècle, mais encore très progressivement : en 1910, pour un actif de 8 770 MF au bilan, on note 6 649 MF de valeurs d'État à long terme et 1 070 MF de prêts ; en 1920, pour un actif de 13 110 MF au bilan, il y a 10 774 MF de valeurs d'État à long terme, 1 167 MF de prêts aux collectivités locales, 218 MF de prêts à l'outre-mer et 59 MF de prêts au logement social.

Et ce ne sera vraiment qu'après la Seconde Guerre mondiale que la primauté sera donnée aux investissements directs dans l'économie et que la Caisse des Dépôts deviendra un grand prêteur et un grand investisseur public : en 1953, pour un actif de 1 316 733 MF au bilan, il n'y a plus que 366 725 MF de valeurs d'État à long terme, mais 230 059 MF de concours aux collectivités locales et 235 153 MF de concours au logement social.

V. – Les financements au XIXe siècle et au début du XXe siècle

Par ses financements, la Caisse des Dépôts est partie prenante de toutes les phases de modernisation du pays, tant des grandes politiques nationales d'aménagement que de leur déclinaison au niveau local.

Quelques exemples :

– *Les canaux.* Reprenant un des projets de Napoléon, la Restauration entreprend de développer les voies navigables. La loi du 14 août 1822 crée la Compagnie des Quatre Canaux chargée de construire les canaux de Bretagne, du Nivernais, du Berry et le canal latéral à la Loire. Les actions de la Compagnie et les emprunts qu'elle émet sont les premières valeurs mobilières à entrer dans le portefeuille de la Caisse des Dépôts.

– *Les chemins vicinaux*. À la fin du XIXe siècle, à l'exception de quelques grands itinéraires, les routes sont encore inexistantes dans la France rurale. En 1868 est créée la Caisse des chemins vicinaux qui va financer la première ébauche de réseau routier dans les campagnes et les sortir progressivement de leur isolement. Cette caisse est financée et gérée par la Caisse des Dépôts.

– *Les chemins de fer*. Le déploiement des lignes de chemin de fer, au XIXe siècle, constitue un outil majeur de développement économique et industriel. La Caisse des Dépôts est présente au capital de toutes les grandes compagnies et souscrit largement à leurs emprunts. Par ses financements, elle accompagne également les collectivités locales dans la réalisation des réseaux secondaires.

– *Les écoles*. En 1881 et 1882, les lois Jules Ferry instaurent l'enseignement public gratuit et obligatoire. En quelques années, des milliers d'écoles puis, plus tard, collèges et lycées sont bâtis, partout en France. Leur construction est financée par la Caisse des écoles, puis celle des collèges, puis celle des lycées, dont les gestions sont confiées à la Caisse des Dépôts.

– *L'électrification des campagnes*. Les premières lignes électriques ont été édifiées dès 1881, mais, quelque quarante ans plus tard, la France rurale ne connaît toujours que l'éclairage au gaz. Raymond Poincaré, président du Conseil, lance, en 1923, un grand programme d'électrification des campagnes, financé par la Caisse des Dépôts sous forme d'avances au Trésor.

– *L'équipement téléphonique*. En 1889, l'État décide de structurer le nouvel outil de communication au niveau national. Il acquiert les réseaux téléphoniques privés, *via* un concours de la Caisse des Dépôts au Trésor. Cependant, la couverture de l'ensemble du territoire sera lente : ce n'est qu'à la fin des années 1930 que se multiplieront les prêts de l'Établissement aux collectivités locales qui permettront de créer un véritable maillage téléphonique national.

– *Le logement social.* La proposition de loi du député Jules Siegfried est votée en novembre 1894 donnant naissance aux sociétés d'habitations à bon marché (HBM). La Caisse des Dépôts est autorisée à leur consentir des prêts, mais, dans un souci extrême de prudence, seulement sur les sommes disponibles sur les fonds de réserve des livrets de caisses d'épargne. Une nouvelle loi l'autorise en 1921 à financer les HBM sur les fonds des livrets d'épargne eux-mêmes. Le mouvement est cependant long à se développer et peu de logements sociaux sont construits avant 1928, lorsque la loi Loucheur met en place un ambitieux programme : 260 000 nouveaux logements sociaux sont bâtis. Sur les 12 MdF de prêts nécessaires à leur financement, la Caisse des Dépôts, avec 11,5 MdF de concours sur les fonds d'épargne, en fournit la quasi-totalité.

La loi Siegfried

Après deux ans de débats, le Parlement adopte en 1894 la proposition de loi de Jules Siegfried dont l'objectif, inscrit dans l'exposé des motifs, est « humanitaire, propre à remédier à la lèpre des taudis qui abondent dans les banlieues, ainsi qu'à améliorer l'hygiène physiologique et sociale. »

Dans un souci de prudence, la Commission de surveillance s'est pourtant opposée au financement des HBM par la Caisse des Dépôts sur les fonds d'épargne. Tout en reconnaissant « l'utilité de l'œuvre sociale développée par les sociétés d'HBM », elle a souligné, dans un contre-projet adressé au ministre des Finances, « le caractère aléatoire, voire dangereux », qu'auraient de tels financements, « tant du point de vue de la liquidité que de la sécurité des fonds d'épargne ».

VI. – **L'après-guerre : financer la reconstruction**

Si la Première Guerre mondiale a été particulièrement meurtrière, elle a relativement épargné les équipements. La Seconde, en revanche, laisse une France dévastée : les infrastructures (ports, routes, ponts, voies de chemin de fer...) sont détruites ; un logement sur vingt est totalement rasé, un sur six partiellement ; l'outil industriel est au point mort avec une production inférieure de moitié à son niveau d'avant guerre.

Le plan de reconstruction, élaboré dès 1944, cherche d'abord à parer à l'urgence, à relever les ruines. C'est l'enjeu de ce que l'on appelle « la troisième bataille de France ». Pour la financer, un réseau financier se met en place autour du Trésor, dans lequel la Caisse des Dépôts joue un rôle déterminant, notamment par ses financements sur fonds d'épargne qui passent de 22 MdF en 1944 à 155 MdF en 1950.

L'épargne est en effet abondante – le montant des dépôts fait plus que doubler entre 1944 et 1945 et l'encours des fonds centralisés à la Caisse des Dépôts passe de 176 MdF en 1944 à 647 MdF en 1950 –, elle l'est d'autant plus que la pénurie et le rationnement perdurent jusqu'au début des années 1950.

Les investissements se porteront sur un objectif bien plus ambitieux que la seule réparation des destructions dues à la guerre. Le plan adopté en 1947 est un plan de modernisation du pays dont le but, qui sera d'ailleurs atteint, est de rattraper en 1949 la production de 1929 (la meilleure année de l'avant-guerre) et de la dépasser de 25 % en 1950. La Caisse des Dépôts contribue intensément à cette entreprise de rénovation sans précédent, notamment par ses avances au Trésor consenties sur fonds d'épargne.

VII. – **Les Trente Glorieuses : financer la modernisation**

Son apport financier sera plus important encore sous les Trente Glorieuses, où le pays renoue avec la prospérité sous l'impulsion, notamment, du Commissariat général au Plan, créé en 1946 et dont Jean Monnet sera le premier dirigeant. L'indice de la production industrielle (base 100 en 1938) monte à 204 en 1957, 338 en 1967 et 452 en 1973, à prix constant. En vingt-six ans, la production est multipliée par 4,5, soit une croissance annuelle moyenne record de 5,9 %.

La Caisse des Dépôts, « banque du Plan » comme on la surnomme alors, accompagne cette dynamique de croissance en consacrant ses fonds propres, et les fonds qui affluent de plus en plus sur les livrets d'épargne qu'elle centralise, à des financements d'intérêt général. Ses concours annuels aux collectivités locales passent de 69 298 MF en 1950 à 3 397 100 MF en 1965. Ses prêts au logement social, de 86 334 MF en 1950 à 934 800 MF en 1965.

Elle est ainsi, notamment, l'acteur financier majeur des programmes considérables de construction de logements sociaux conduits dans cette période. Il faut en effet apporter des réponses à une crise d'une extrême gravité : 7 millions de personnes sont sans logis. La France voit tout à la fois les effets du *baby-boom* et un afflux massif de populations issues de l'exode rural, de l'immigration, ou encore rapatriées d'Afrique du Nord. Il faut construire, très rapidement, en très grand nombre, et à moindre coût : quelque 2,5 millions de logements HLM sont bâtis entre 1950 et 1975, dont la Caisse des Dépôts assure l'essentiel du financement par ses prêts sur fonds d'épargne.

Autre conséquence du *baby-boom,* la croissance des besoins en équipement scolaire : de 702 MF en 1969, les prêts sur fonds d'épargne pour la construction d'écoles et de collèges passent à 1 225 MF en 1973.

VIII. – La Caisse des Dépôts opérateur immobilier : la SCIC

À son intervention dans le financement du logement qui, bien que d'une ampleur sans précédent, s'inscrit dans une activité traditionnelle de l'Établissement, vont s'ajouter un rôle et des métiers totalement nouveaux : ceux d'opérateur direct. La France des années 1950 manque d'entrepreneurs. Le ministre de la Construction déclare : « Les besoins de ce pays sont immenses, les tâches de construction impossibles... Qui les fera à l'échelle nécessaire ? Seuls les grands organismes peuvent fonder et animer des sociétés de construction à l'échelle indispensable, en un temps où l'urgence est poignante. » La Caisse des Dépôts répond à l'appel et crée, en 1954, une filiale immobilière spécialisée, la SCIC, qui, en moins de dix ans, va construire 165 000 logements, en région parisienne en particulier, où la pénurie est la plus aiguë.

Pour répondre à l'urgence – l'objectif est de livrer en douze mois des unités de 1 000 logements –, la SCIC s'appuie sur des techniques à l'époque totalement innovantes : un mode de production industriel, c'est-à-dire standardisé et normalisé ; la préfabrication en nombre d'éléments de construction (murs, planchers, escaliers...). Et, pour ne pas grever les prix de revient par un coût du foncier incompatible avec les loyers que peuvent payer les familles modestes qu'elle loge, elle construit en hauteur.

Son exemple sera suivi par d'autres opérateurs. C'est ainsi que s'élèvent, à la périphérie des villes le plus souvent, des grands ensembles constitués de barres et de tours. Ce mode d'architecture et d'urbanisme sera très fortement critiqué au cours des décennies suivantes et il est exact qu'il cristallise aujourd'hui de très réels dysfonctionnements. Mais il serait bien injuste d'oublier qu'il a permis de donner un toit à des millions de gens qui vivaient auparavant dans des taudis et des bidonvilles, et qu'il a permis aux classes populaires d'accéder à ce qu'on appelait alors le confort : à la fin des années 1950, 42 % des foyers ne possédaient pas l'eau courante, 73 % pas de w.-c., 90 % ni chauffage central, ni douche, ni baignoire...

Au travers de la SCIC, la Caisse des Dépôts est devenue non seulement constructeur, mais aussi propriétaire et donc gestionnaire de logements. Elle est bientôt le premier bailleur social du pays. Elle doit se doter de métiers entièrement nouveaux pour elle : maintenance, entretien, gardiennage, collecte des loyers, établissement des charges...

Le domaine d'intervention de la SCIC ne se limitera pas au logement locatif social. Les pouvoirs publics l'appellent, en 1962, à accompagner leur politique d'accession sociale à la propriété : en six ans, elle construit 27 600 logements. La même année, elle est sollicitée pour la réalisation du plan d'équipement hospitalier : en moins de vingt ans, elle livre 45 000 lits d'hôpital.

IX. – La Caisse des Dépôts opérateur de l'aménagement du territoire : la SCET

Comme dans l'immobilier, les carences en opérateurs qualifiés sont fortes dans le secteur de l'équipement, alors même que le 2e plan de modernisation, en 1955, met en évidence les besoins massifs du pays dans le domaine de l'aménagement. L'État lance, notamment, un vaste programme autoroutier. Il crée cinq sociétés d'économie mixte concessionnaires d'autoroutes (SEMCA) et demande aux collectivités locales de prendre des participations majoritaires dans les SEM d'aménagement régional et local.

La Caisse des Dépôts est, dès l'origine, étroitement liée au financement des autoroutes. Dès 1962, elle prend des participations importantes dans le capital des SEM concessionnaires, qu'elle finance en outre au travers de la

Caisse nationale des autoroutes (CNA), créée en 1963, dont elle assure la gestion.

Pierre Pfimlin, ministre de l'Économie et des Finances, invite la Caisse des Dépôts à créer une filiale chargée d' « assister les collectivités locales dans la réalisation d'équipements, au travers des SEM ». La SCET est constituée en octobre 1955. Elle entre au capital des SEM et leur apporte une assistance financière, technique et administrative. Elle se voit, notamment, confier une très large part des programmes autoroutiers : études d'ingénierie, conduite des travaux, ainsi que nombre de contrats d'exploitation.

Dès le début de 1956, la SCET lance ses premières opérations : autoroute Estérel-Côte d'Azur, aménagement rural du bas Rhône et du Languedoc, marchés d'intérêt national, notamment celui de Nîmes. Beaucoup d'autres suivront, aux côtés des collectivités locales et en appui des SEM, parmi lesquelles : d'innombrables ouvrages d'art (ponts, échangeurs, rocades...) ; l'aménagement de zones à urbaniser en priorité (ZUP), comme à Rouen ou en banlieue lyonnaise ; l'aménagement du littoral, dans les Landes et en Languedoc-Roussillon ; l'aménagement de ports, comme au Havre ; la construction de métros, comme à Lyon...

X. – Démocratiser les vacances

En 1956, les Français gagnent une troisième semaine de congés payés. Mais seulement 40 % d'entre eux peuvent partir en vacances parce que les infrastructures manquent pour accueillir les familles modestes. La Caisse des Dépôts crée l'association Villages-Vacances-Familles (VVF), en 1958, afin de « permettre aux familles de passer des vacances saines et reposantes, en rapport avec leurs besoins autant qu'avec leurs moyens, grâce à des services collectifs d'ordre matériel et éducatif ». Ce sont les restaurants ; les buanderies ; les salles de jeux, de sport, de réunion ; les animations pour les enfants, les randonnées et les visites culturelles...

Il s'agit non seulement de développer le tourisme populaire, mais aussi de le faire participer à l'aménagement et au développement économique du territoire par la mise en valeur de petites stations touristiques encore peu connues. En liaison étroite avec les collectivités locales concernées, les premiers villages ouvrent en Alsace, puis dans les Landes. Une centaine d'autres vont suivre, notamment en milieu rural et aussi en montagne où ils participeront à la démocratisation des sports d'hiver.

XI. – **Le financement des entreprises**

La même mutation qui a vu la Caisse des Dépôts, au XXe siècle, devenir un acteur direct du financement de l'aménagement du territoire, s'observe dans sa politique de placements financiers : au lieu de n'investir quasiment que dans les valeurs d'État, elle va progressivement diversifier ses actifs au bénéfice des entreprises.

Les répercussions de la crise de 1929 en France vont donner le coup d'envoi de l'implication de la Caisse des Dépôts dans ce domaine : les pouvoirs publics l'appellent, par ses investissements, à soutenir l'industrie et la finance. Elle est désormais autorisée à investir non seulement sur ses fonds propres mais aussi sur les fonds d'épargne qui, auparavant, ne pouvaient détenir que des valeurs d'État. Parmi nombre d'interventions, on peut citer le soutien qu'elle apporte à la Compagnie générale transatlantique, en finançant la construction du *Normandie,* sa prise de participation de 25 % dans le capital des Wagons-Lits pour éviter que la compagnie ne tombe sous contrôle allemand, ou encore le renflouement de Citroën en 1934.

À la Libération, le secteur bancaire, les transports et l'énergie sont en grande partie nationalisés afin de favoriser la croissance. La Caisse des Dépôts participe activement à cette relance économique en accordant des prêts et des avances de trésorerie aux entreprises publiques, et en souscrivant largement à leurs émissions obligataires.

Entre 1950 et 1964, le volume de ses interventions en faveur du développement industriel augmente de façon continue : la SNCF, EDF, la Compagnie nationale du Rhône, Gaz de France, la Snecma et le secteur de la sidérurgie bénéficient en particulier de ses concours.

La Caisse des Dépôts devient ainsi un important acteur du financement des entreprises : en 1920, seulement 582 MF d'investissements dans les entreprises sont inscrits au bilan ; en 1953, ce montant s'élève à 139 468 MF et à 1 191 100 MF en 1965.

XII. – D'une économie largement administrée à l'ouverture des circuits financiers

Les crises pétrolières des années 1970 marquent le terme d'une période de prospérité et de croissance telle que la France n'en avait jamais connue auparavant. Au développement tous azimuts, sous l'impulsion d'un État fortement interventionniste, notamment au travers du Plan, et à une économie très largement encadrée et administrée, succède une phase d'ouverture et de déréglementation. Elle vise à passer d'une économie d'endettement, fondée sur le crédit bancaire, souvent à travers des circuits spécialisés, à une économie de marchés financiers, où les acteurs économiques (entreprises, État, collectivités...) trouvent directement leurs financements auprès des investisseurs. L'objectif est ainsi de favoriser une allocation optimale et à moindre coût de l'épargne vers les différents secteurs économiques. Pour la Caisse des Dépôts s'ouvre une nouvelle phase d'évolutions considérables.

La Place financière de Paris opère sa modernisation, suivant de près le « big bang » londonien : réforme du courtage, dématérialisation des transactions, création des second et nouveau marchés, des produits dérivés (options, *futures*...).

Parallèlement, la diversification des produits d'épargne et de placement facilite l'accès des particuliers aux marchés tout en leur offrant des niveaux de rendement et de risques variés. La Caisse des Dépôts joue un rôle majeur dans cette évolution. Elle est notamment l'un des « inventeurs » des organismes de placement collectif de valeurs mobilières ou OPCVM (SICAV, FCP), lançant en 1967 la première SICAV française. Parallèlement, de nouveaux produits d'assurance de personnes voient le jour, dédiés en particulier à l'épargne et à la retraite. Tous ces nouveaux outils, « démocratisant » l'usage de la finance auprès du plus grand nombre, connaissent un immense essor.

XIII. – La Caisse des Dépôts centrale de services financiers

Se dessine alors une évolution très profonde pour la Caisse des Dépôts : elle devient une centrale de services financiers, l'une des plus importantes de la Place. Elle acquiert de nouveaux métiers : intermédiaire de marché, gestionnaire d'actifs, dépositaire, mobilisant son ingénierie financière et son expertise pour elle-même mais aussi pour ses partenaires, qu'ils soient investisseurs, distributeurs de produits de placement financier ou émetteurs : CNP, Caisses d'Épargne, La Poste, Trésor public, caisses de retraite...

Ainsi, en 1986, dans le métier de la gestion d'OPCVM, la part de la Caisse des Dépôts est de 11 % du marché français des SICAV et ses réseaux réalisent une collecte nette de plus de 23 MdF sur les OPCVM qu'elle gère, contre 4,2 MdF seulement trois ans plus tôt. En 1992, les montants collectés sur l'année s'élèvent à 81,8 MdF et l'encours global d'OPCVM gérés est de plus de 361 MdF.

Dans ce nouveau type de gestion, dont elle va devenir le leader français, la Caisse des Dépôts s'attache à apporter ses valeurs fondatrices de sécurité et de protection des épargnants. À ses gérants, elle fixe pour objectif de proposer aux quelque 800 000 porteurs d'OPCVM qu'elle gère « des produits financiers sûrs et loyaux ».

La diversification généralisée des instruments financiers se traduit également par la création de nouveaux produits d'épargne défiscalisée. Le compte épargne logement (CEL), dont la Caisse des Dépôts a imaginé l'ingénierie financière, a été institué dès 1965. Le livret d'épargne populaire (LEP) est créé en 1982 et le compte pour le développement industriel (CODEVI) en 1983. Ces produits sont banalisés, c'est-à-dire distribués par l'ensemble des banques, et leur collecte n'est que partiellement centralisée à la Caisse des Dépôts alors que les fonds du livret A l'ont été à 100 % jusqu'en 2008 (voir p. 58).

L'ensemble de ces facteurs, ainsi que la volonté des pouvoirs publics d'ouvrir le marché des actions aux « petits porteurs », entraîne un changement complet dans la composition du patrimoine financier des ménages. À la fin des années 1960, ce patrimoine est, pour la très grande majorité des Français, composé seulement d'un compte courant – entre 1966 et 1972, le taux de détention du compte-chèques est passé de 17 à 62 % – et d'un livret d'épargne liquide – plus de 80 % de la population détient un livret A. En moins de vingt ans, la part de ce livret va passer de 25 % à moins de 5 % de ce patrimoine pour laisser place à toute une gamme d'avoirs diversifiés.

Plus globalement, l'épargne investie en valeurs mobilières et d'assurance passe de 32 % du patrimoine des ménages en 1981 à près de 49 % en 1985, prenant le pas sur l'épargne liquide dont la part baisse de 85 % en 1981 à 51 % en 1985.

XIV. – La banalisation du financement des collectivités locales

C'est ainsi que la manne des livrets d'épargne se fait moins abondante et, singulièrement, celle du livret A. Le mouvement, d'abord progressif, s'accentue à partir de 1983 de façon critique, en raison, d'une part, de la concurrence d'autres produits financiers plus rémunérateurs et, d'autre part, de la chute du taux d'épargne des ménages (de plus de 18 % en 1975 à 12 % en 1985). Ainsi, en 1986, la « décollecte » – c'est-à-dire l'excédent des retraits sur les dépôts – atteint-elle 35,3 MdF sur le livret A, à comparer à une collecte positive de 31 MdF huit ans plus tôt.

La ressource sur laquelle la Caisse des Dépôts doit assurer le financement du logement social et de l'équipement des collectivités locales, d'abondante devient rare. Pour parvenir à remplir cette dernière mission, la Caisse des Dépôts fait de plus en plus massivement appel à la Caisse d'aide à l'équipement des collectivités locales (CAECL), établissement public administratif (EPA) créé en 1966, qu'elle gère et qui lève sur le marché obligataire les fonds qu'elle prête aux collectivités locales.

Parallèlement au circuit de ses prêts réglementés sur fonds d'épargne, la Caisse des Dépôts développe ainsi un circuit « propre » de ses concours à l'équipement territorial qui connaît un développement très important et devient, très rapidement, le premier banquier du développement local. En 1980, la Caisse des Dépôts prête aux collectivités locales 25 MdF sur les fonds d'épargne et 7 MdF *via* la CAECL ; dès 1986, le mouvement est complètement inversé, avec 27 MdF de prêts de la CAECL et 19 MdF de prêts sur fonds d'épargne.

XV. – **Le premier intervenant obligataire de la Place de Paris**

Centralisatrice d'une masse considérable de fonds, en particulier ceux déposés sur les livrets d'épargne et par les notaires, la Caisse des Dépôts n'a longtemps pas eu à faire appel aux marchés pour lever les fonds nécessaires à ses financements. La forte montée en charge de la CAECL, ainsi que les besoins d'établissements financiers créés pour lever des fonds tels que la Caisse nationale des autoroutes (CNA) dont elle assure la gestion, l'amènent à développer une activité, là encore, totalement nouvelle pour elle : celle d'émetteur. En 1984, elle lance, pour les établissements qu'elle gère, 15,5 MdF d'emprunts obligataires, 26,1 MdF en 1985, 35,2 MdF en 1986, 40 MdF en 1987 et 53,6 MdF en 1992. En quelques années, elle devient le premier intervenant obligataire de la Place de Paris après l'État.

Elle acquiert ainsi des savoir-faire et une expertise qui lui permettent de proposer des services d'intermédiaire à d'autres organismes émetteurs. En 1987, par exemple, elle est partie prenante du montage – chef de file ou établissement garant – de 14 % des émissions obligataires lancées sur le marché français ; en 1992, elle réalise 20 % du placement des émissions obligataires du secteur public et 19 % des transactions sur les valeurs du Trésor.

Elle est également très active sur le marché des actions : en 1987, dans le cadre du programme de privatisations de grands groupes comme Paribas, la CGE, ou la Compagnie financière de Suez, notamment, elle participe à 8 sur 12 des syndicats de garantie et sa part de marché est d'environ 11 % dans le placement des titres des sociétés privatisées.

Elle conforte ainsi, comme intermédiaire sur les marchés boursiers, le rôle de centrale de services d'ingénierie financière qu'elle a déjà acquis comme gestionnaire d'actifs.

XVI. – De la CAECL au Crédit Local de France, puis à Dexia

En 1987, les pouvoirs publics décident de banaliser le financement de l'équipement local, c'est-à-dire que ce marché ne bénéficie plus des ressources des fonds d'épargne – désormais réservées au financement du logement social et de la politique de la ville – et qu'il est ouvert à l'ensemble des banques, qui se refinancent sur les marchés. Afin de favoriser le développement de son activité dans ce domaine, que ne permet plus le statut d'EPA de la CAECL, la Caisse des Dépôts crée le Crédit Local de France (CLF), filiale dotée du statut d'institution financière spécialisée.

Il s'agit là d'une autre mutation profonde pour l'Établissement. À côté de ses missions d'intérêt général et des mandats qui lui sont confiés par la loi ou les pouvoirs publics, il développe de plus en plus d'activités concurrentielles où il s'affirme, dans les faits, comme un acteur du marché comparable aux autres. Il devient aussi la holding puis, progressivement lorsque leur capital est ouvert, l'actionnaire stratégique d'un groupe de filiales financières.

Une nouvelle étape est franchie, en 1991, lorsque le CFL est introduit en Bourse. La Caisse des Dépôts en reste le 1er actionnaire avec 25 % du capital.

En 1993, les pouvoirs publics décident de privatiser le CFL qui quitte ainsi le groupe de la Caisse des Dépôts, celle-ci demeurant néanmoins l'un de ses principaux actionnaires. En 1996, le CFL et le Crédit communal de Belgique fusionnent leurs activités afin de constituer, sous le nom de Dexia, un leader européen dont la Caisse des Dépôts détient 12 % du capital. L'Établissement a ainsi fait naître et contribué à développer une belle entreprise financière européenne.

XVII. – La mutation réussie de CNP Assurances

La mutation de la Caisse des Dépôts s'observe également dans le domaine de l'assurance. La fusion des différentes caisses créées au milieu du XIXe siècle a donné naissance en 1959 à la Caisse nationale de prévoyance (CNP) qui a joué un rôle majeur dans la diffusion auprès du plus grand nombre des produits d'assurance de personnes en France.

La Caisse des Dépôts a rempli sa mission de « défricheur » : le marché de l'assurance a connu un essor considérable et représente, à la fin des années 1980, près de 20 % du patrimoine financier des ménages. La CNP en est l'un des tout premiers acteurs avec une part de marché de plus de 15 %.

Le marché de l'assurance ne fait pas que croître dans les années 1980 ; il connaît également une évolution très profonde et très rapide de son objet. Une part grandissante des nouveaux produits diffusés par les compagnies d'assurances ne couvre plus un risque au sens strict du terme (décès, accident...) mais s'apparente à des produits d'épargne. Ainsi, si, en 1980, 53 % des flux annuels de collecte de la CNP relevaient de produits de type épargne, cette proportion est passée à plus de 80 % dès 1985.

Dans un contexte qui devient de plus en plus concurrentiel, la CNP doit bénéficier de facultés de développement accrues afin d'être mieux armée dans la préparation du grand marché européen qui va voir le jour à la fin de 1992. C'est ainsi qu'elle adopte, en 1987, le statut d'Établissement public à caractère industriel et commercial (EPIC). La CNP n'est plus une sous-direction de la Caisse des Dépôts, mais un établissement géré par elle.

Une nouvelle étape est franchie en 1992, lorsque l'EPIC CNP devient la société anonyme CNP Assurances, régie, conformément au droit commun, par le Code des assurances. La Caisse des Dépôts reste fortement présente à son capital, Ce nouveau statut va permettre à l'entreprise de faire appel à ses actionnaires pour renforcer ses fonds propres et assurer ainsi son développement, non seulement en France mais aussi à l'international.

En octobre 1998, la mutation est parachevée : CNP Assurances est introduite à la Bourse de Paris. La Caisse des Dépôts demeure son 1er actionnaire avec plus de 36 % du capital. CNP Assurances est aujourd'hui le n° 1 de l'assurance de personnes en France, et l'un des tout premiers assureurs européens. Dans ce domaine encore, la Caisse des Dépôts a permis l'émergence d'une grande entreprise française et européenne.

XVIII. – Le banquier « direct » du logement social

Dans le domaine du financement du logement social, où la Caisse des Dépôts a joué depuis l'origine et en particulier depuis les années 1960 un rôle majeur, de profondes mutations se font également jour. Jusqu'au milieu des années 1980, la Caisse des Dépôts était en quelque sorte un « guichet », qui octroyait automatiquement ses prêts dès lors que l'organisme HLM emprunteur avait obtenu de l'État une autorisation de construire ou de réhabiliter. Or le blocage des loyers instauré depuis les années 1970 nuit à l'équilibre financier des organismes HLM et la ressource des fonds d'épargne est de plus en plus rare. Il faut rationaliser et consolider les circuits de financement.

La loi du 11 juillet 1985 confie à la Caisse des Dépôts un rôle nouveau, celui de banquier « direct » du logement social : elle n'accorde désormais ses concours qu'après une analyse précise des comptes de l'organisme emprunteur. Même si, conformément à sa mission d'intérêt général, elle prête à tous dans des conditions identiques, elle calcule maintenant le risque encouru, comme toute institution bancaire.

Lorsque la santé financière d'un organisme ne s'avère pas assez solide, ses emprunts sont assortis d'une garantie complémentaire, apportée par la Caisse de garantie du logement social (CGLS) dont la Caisse des Dépôts, à parité avec l'État et l'Union HLM, assure la gestion. La loi lui donne donc un pouvoir d'arbitrage sur la sécurité d'emploi des fonds d'épargne dont elle assure la protection. Ce dispositif permettra de mettre fin à une période de fragilisation financière du secteur HLM.

XIX. – Le financement de la politique de la ville

Une autre évolution importante voit l'ouverture, à la fin des années 1980, des financements de la Caisse des Dépôts aux opérations de renouvellement urbain. Les grands ensembles construits dans les années 1960, s'ils ont indéniablement permis de répondre à l'urgence, constitué alors un progrès social et joué un rôle d'intégration, se sont progressivement paupérisés et « ghettoïsés ».

Avec la montée des difficultés économiques et du chômage de masse, le malaise des banlieues, déjà perceptible à la fin des années 1970, s'est mué en crise profonde. Les opérations massives de réhabilitation ne suffisent plus. Les besoins vont bien au-delà du seul bâti. Il faut restructurer les quartiers d'habitat social, les désenclaver, démolir ce qui n'est plus viable pour reconstruire mieux, favoriser la mixité sociale et encourager le développement économique et l'emploi.

La Caisse des Dépôts s'y engage, aux côtés des pouvoirs publics et des collectivités locales. Elle agit d'une part en investissant sur ses fonds propres, d'autre part grâce à de nouveaux prêts sur fonds d'épargne : les prêts projets urbains et les prêts démolition-reconstruction. Ses premiers concours à la politique de la ville sont lancés en 1987. Vingt ans plus tard, ils représentent en moyenne un sixième des quelque 6 Md€ de flux annuels de ses prêts sur fonds d'épargne.

XX. – L'évolution des filiales de services

L'environnement a considérablement changé pour les filiales de services créées sous les Trente Glorieuses : les collectivités locales se sont dotées de services techniques ; de grands opérateurs privés se sont développés faisant naître la concurrence. En outre, les besoins collectifs ont évolué : à l'urgence de construction a succédé la préoccupation de l'urbanisme ; à l'aménagement, la gestion et l'exploitation de services. Dans ce contexte, et malgré des efforts de rationalisation, la plupart des filiales enregistrent de lourdes pertes au début des années 1980, que la Caisse des Dépôts, leur actionnaire, doit combler.

Une politique rigoureuse est engagée en 1983 pour, progressivement, recomposer et redresser le groupe des filiales. Des secteurs d'activité sont abandonnés ou cédés, en tout ou partie. De nouveaux pôles sont créés.

Ainsi, en 1989, la Compagnie des Alpes naît pour répondre aux difficultés de nombreuses communes de montagne qui se sont surendettées pour développer des stations de ski. L'année suivante, Transdev est créée pour regrouper les activités de filiales et de SEM issues de la SCET et structurer une activité d'opérateur de transport urbain et interurbain. Le groupe Scetauroute, qui fédère les bureaux d'étude spécialisés dans les infrastructures, devient Egis en 1998. Il élargit son activité au montage de projets et à l'exploitation.

Sortie de la crise immobilière après 1995, la SCIC réussit sa mutation, devient un opérateur immobilier global et se dote d'un nouveau nom – Icade – en 2003. La Caisse des Dépôts acquiert en 2004 la totalité du capital de la Société nationale immobilière (SNI). Le pôle immobilier constitué de ces deux filiales est réorganisé en 2005 : les activités concurrentielles sont regroupées au sein d'Icade ; les activités d'intérêt collectif, au sein de la SNI.

Restructurées en ensembles cohérents, les filiales se lancent dans la croissance externe et le développement international. L'ouverture de leur capital – cotation, partenariats – témoigne de leur bonne santé et favorise leur croissance.

XXI. – **Le capital-investissement dans les PME**

Le volume des fonds gérés par la Caisse des Dépôts fait d'elle, par nature, un important investisseur. Elle participe ainsi, au travers de ses importants portefeuilles d'obligations et d'actions, au financement des grandes entreprises. Mais elle n'était pas encore présente auprès des PME, celles-ci ne disposant pas de la surface financière qui leur donnerait accès à la Bourse et au marché obligataire.

Bien que jouant un rôle majeur en matière d'innovation et d'emploi, les PME connaissent d'importantes difficultés à trouver les financements, en particulier en fonds propres, nécessaires à leur développement. Elles ont besoin d'investisseurs prêts à s'engager à leurs côtés sur le long terme, quitte à accepter des rentabilités différées ou moindres – des *business angels* comme on les appelle en anglais.

C'est pourquoi la Caisse des Dépôts initie en 1994, avec l'État, un premier programme triennal de capital-investissement au bénéfice des PME, appelé PME Innovation.

Comme l'indique son nom, ce programme vise prioritairement les entreprises à fort potentiel technologique pour les aider à financer leurs travaux de recherche. Il a aussi pour objectif, en investissant à leurs côtés, d'exercer un effet d'entraînement sur d'autres investisseurs publics et privés et, ainsi, de participer à la structuration du marché français du capital investissement. Enfin, il s'attache, aux côtés des collectivités locales, à développer le capital-investissement régional, facteur déterminant de la croissance économique des territoires.

XXII. – **Innovation financière et rôle de Place**

La Place de Paris vit, dans les années 1980 et 1990, une modernisation à marche forcée. Décloisonnement, désintermédiation et déréglementation sont les maîtres mots de cette série de réformes majeures, dont l'objectif est d'ouvrir les marchés financiers à l'ensemble des agents économiques français et étrangers, de les doter d'acteurs et de circuits performants et, surtout, de promouvoir la concurrence. Dans un contexte où la compétition ne s'exerce plus seulement sur le plan national ou européen mais international, il importe de donner aux marchés français la taille critique dans une industrie financière désormais mondiale, et qui préfigure ainsi la globalisation des années 2000.

La Caisse des Dépôts participe très activement au travail des groupes de la Place financière qui élaborent, puis mettent en œuvre, ces multiples réformes : modernisation des systèmes de compensation ; création des marchés à terme, dont le MATIF ; lancement du marché de l'Écu ; création des spécialistes en valeurs du Trésor ; titrisation...

Parmi nombre d'autres exemples, elle est à l'initiative, en 1984, de la dématérialisation des titres et donc de la création de la fonction nouvelle de dépositaire. Ce service de conservation de titres nécessite des savoir-faire très spécialisés et n'est donc rentable qu'appliqué à grande échelle. La Caisse des Dépôts structure, pour ses besoins propres, ceux de son groupe, de ses clients et de ses partenaires, mais aussi pour d'autres établissements financiers, cette fonction de dépositaire.

En raison de l'importance de ses positions sur les marchés financiers, elle est par ailleurs en mesure d'assurer un rôle d'information pour la Place de Paris. C'est ainsi qu'à la demande des pouvoirs publics elle calcule et diffuse plusieurs des taux officiels, dont le taux au jour le jour (JJ) sur le marché monétaire et des indicateurs de référence, parmi lesquels ceux des OPCVM, des obligations et, surtout, des valeurs du Trésor.

Un tour radicalement nouveau est en effet donné à sa mission traditionnelle d'auxiliaire du Trésor avec la création des spécialistes en valeurs du Trésor (SVT) en 1986. Elle passe du rôle de souscripteur de tout premier rang des bons du Trésor – en 1986, elle en détient 46 % de l'encours global – à celui d'acteur majeur d'une gestion désormais très active de la dette publique.

Les programmes d'émissions du Trésor augmentant très fortement – il émet chaque année entre 150 et 200 MdF d'obligations ou de titres assimilables –, la technique traditionnelle de « prise ferme » n'est en effet plus adaptée. Le Trésor met en place un système d'adjudications pluriannuelles et sélectionne un groupe de SVT qui s'engagent à participer régulièrement à ses adjudications, à animer le marché et à en afficher en permanence les cours. La Caisse des Dépôts est le premier de ces SVT, contribuant fortement, entre autres, à la diffusion de ces produits sur les marchés internationaux.

XXIII. – De la filialisation des métiers financiers concurrentiels à la création d'Ixis

Le rôle de centrale de services financiers de la Caisse des Dépôts continue ainsi à prendre, au fil des années 1990, une importance de plus en plus grande. Ainsi, par exemple, sur le métier de dépositaire, les encours d'actifs qu'elle conserve s'élèvent en 1999 à 776 Md€, contre 432 Md€ en 1996 ; ou encore, sur les marchés de capitaux, son portefeuille de transaction est de plus 40 Md€ en 1999, contre 27 Md€ en 1996.

En raison de sa solidité financière et de sa proximité d'avec l'État, la Caisse des Dépôts bénéficie de la meilleure notation (AAA) octroyée par les agences de *rating*. Elle est l'une des seules en France dans ce cas, et l'une des rares en Europe. Cette notation d'excellence conforte, bien sûr, son développement dans les services financiers.

Afin d'en accélérer le développement, elle crée des filiales spécialisées, dédiées à ses métiers financiers concurrentiels : marchés de capitaux, gestion de fonds, conservation de titres, capital-développement...

Ces filialisations ont pour objet de marquer clairement la frontière entre ses missions d'intérêt général et ses activités concurrentielles et de se conformer au cadre juridique européen.

Elles ont également pour objectif de permettre à ces activités d'atteindre la taille critique nécessaire à un développement international. La mondialisation des marchés financiers la conduit d'ailleurs à ouvrir des filiales à l'étranger, notamment à New York, Tokyo, Londres et Francfort.

Il faut structurer cet ensemble de filiales, de plus en plus vaste et puissant. Il faut lui donner une gouvernance, un cadre juridique et capitalistique solide. C'est l'objet assigné à CDC Ixis, la banque d'investissement et de financement créée en janvier 2001 par la Caisse des Dépôts pour regrouper l'ensemble de ses activités financières concurrentielles.

Une nouvelle étape se propose très vite à l'esprit : celle d'un projet industriel ambitieux, conforme au modèle éprouvé de développement des banques en France : associer cette banque « de gros » à un grand réseau de banques « de détail ». En 2002, le projet est concrétisé par une alliance avec les Caisses d'Épargne, puis parachevé en juillet 2004, lorsque la Caisse des Dépôts cède CDC Ixis au groupe Caisse d'épargne permettant la naissance d'un leader français de la banque « universelle », dont elle devient l'actionnaire stratégique à 35 %.

En mars 2006, le groupe Caisse d'épargne va rompre unilatéralement les accords et le pacte d'actionnaires qu'il avait signés moins de deux ans plus tôt avec la Caisse des Dépôts, en annonçant le rapprochement, dans une filiale commune, appelée Natixis, de ses activités de banque d'investissement d'avec celles du groupe Banque populaire.

La Caisse des Dépôts décide alors de céder sa participation de 35 %, pour 7 Md€, réalisant une plus-value de 2,25 Md€. Elle obtient également d'importantes contreparties industrielles qui confortent le développement de ses filiales : CNP Assurances, la SNI et CDC Capital Investissement.

En 1966, à l'occasion du 150e anniversaire de l'Établissement, un livre du journaliste économique Roger Priouret a été publié aux Presses universitaires de France. Cet ouvrage remarquable, intitulé *La Caisse des Dépôts : 150 ans d'histoire financière,* a constitué la principale source bibliographique de la partie historique qui précède.

Ce livre est aujourd'hui épuisé mais il peut être consulté à la bibliothèque ainsi qu'au service des archives de la Caisse des Dépôts.

Chapitre II

LA CAISSE DES DÉPÔTS AUJOURD'HUI

Près de deux cents ans après sa création, la Caisse des Dépôts est toujours régie par les règles de gouvernance institutionnelle de la loi de 1816 : indépendance de la Commission de surveillance et autonomie du directeur général.

« Cette continuité, affirmait le général de Gaulle à l'occasion des cérémonies du 150e anniversaire de l'Établissement, malgré tous les bouleversements qu'a subis le pays pendant cette longue période, tient à l'autonomie, c'est-à-dire à la responsabilité propre qui lui est attribuée et que ses dirigeants ont toujours su pratiquer, et les pouvoirs publics maintenir pour le service de l'État. Ce rôle, la Caisse des Dépôts le joue avec aisance et efficacité comme elle l'a fait de tous ceux qui lui incombèrent tour à tour, et cela grâce au statut et à l'esprit qui la distinguent depuis l'origine et dont elle ne s'est jamais départie. Une fois de plus se trouve en pleine lumière cette vérité que des institutions ouvertes sur les mouvements des faits, des idées, mais stables et continues, sont les conditions du progrès. »

Si la mission d'origine de la Caisse des Dépôts demeure – être un haut lieu de sécurité financière pour des fonds privés protégés par la loi –, ses activités se sont singulièrement développées, dans un monde financier mondialisé, de plus en plus complexe et risqué. La stabilité de son statut n'a pas été, et n'est pas, bien au contraire, un obstacle au mouvement et, notamment, à l'adaptation aux mutations de son environnement et à l'élargissement de ses missions.

Ainsi, depuis plus de cent quatre-vingt-dix ans, il n'est apparu utile au législateur de modifier le texte fondateur qu'à très peu de reprises. En 1848, le nombre de membres de la Commission de surveillance est porté à neuf, intégrant deux conseillers d'État et le directeur du Mouvement général des fonds (l'actuel directeur général du Trésor et de la Politique économique). En 1948, la composition de la Commission est à nouveau élargie, avec 11 commissaires : trois députés, un sénateur, deux conseillers d'État, deux magistrats de la Cour des comptes, le directeur du Trésor, le gouverneur de la Banque de France et le président de la Chambre de commerce et d'industrie de Paris que rejoint, en 1966, le président du conseil de surveillance de la Caisse nationale des Caisses d'Épargne.

Par ailleurs, en 1994, la nomination à vie du directeur général est supprimée des textes. L'article 14 de la loi du 8 août fixe son mandat à cinq ans, renouvelable, à l'instar de ce qui est pratiqué le plus souvent dans les administrations centrales et les grandes entreprises.

I. – « Un groupe public qui peut exercer des activités concurrentielles »

La modification apportée en 2001 est d'une portée beaucoup plus importante pour l'Établissement. L'article L. 518-1 du Code monétaire et financier dispose que « la Caisse des Dépôts et ses filiales constituent un groupe public au service de l'intérêt général et du développement économique du pays. Ce groupe remplit des missions d'intérêt général en appui des politiques publiques conduites par l'État et les collectivités locales et peut exercer des activités concurrentielles ».

La loi précise : « Dans ce cadre, la Caisse des Dépôts est plus particulièrement chargée de la gestion des dépôts réglementés et des consignations, de la protection de l'épargne populaire, du financement du logement social et de la gestion d'organismes de retraite. Elle contribue également au développement économique local et national, particulièrement dans les domaines de l'emploi, de la politique de la ville, de la lutte contre l'exclusion bancaire et financière, de la création d'entreprise et du développement durable. »

Cet article conforte le rôle original que joue la Caisse des Dépôts « aux confluents de l'intérêt général et du marché », selon les termes du président de la République, Jacques Chirac, à l'occasion du 190e anniversaire de l'Établissement.

Enfin, la loi de modernisation de l'économie du 4 août 2008 inscrit dans le cadre des missions de la Caisse des Dépôts son rôle d'investisseur de long terme contribuant au développement des entreprises, dans le respect de ses intérêts patrimoniaux. Elle institue par ailleurs, au sein de la Commission de surveillance, un Comité des investissements chargé d'examiner les opérations financières les plus significatives. Elle renforce les compétences de la Commission de surveillance en matière de finance et de gestion en introduisant trois personnalités qualifiées indépendantes en son sein. Elle prévoit également que la Commission puisse s'appuyer sur l'expertise de la Commission bancaire en matière de contrôle prudentiel et des risques (voir p. 14).

II. – La « fertilisation croisée » entre les secteurs public et concurrentiel

La Caisse des Dépôts fait de sa double appartenance au secteur public et au secteur concurrentiel un atout fort d'utilité et d'adaptation. Dans une sorte de « fertilisation croisée » des deux modèles, elle applique à ses missions d'intérêt général la rigueur de gestion des entreprises privées, s'attachant à améliorer en permanence la performance, le coût et la qualité du service qu'elle assure pour ses mandants. Parallèlement, elle enrichit le pilotage de ses activités concurrentielles du sens du long terme et du souci de l'intérêt général qui font la force de son action publique.

Incubateur et développeur d'activités, qui trouvent leur maturité soit dans la sphère publique, soit sur des marchés concurrentiels, la Caisse des Dépôts maintient un effort constant d'adaptation de l'organisation du groupe à l'évolution de ses activités.

Sa « mixité » public/privé s'illustre également dans le statut des quelque 5 100 collaborateurs de l'Établissement public : 75 % d'entre eux sont des fonctionnaires et 25 % des salariés de droit privé. Avec ses filiales, le groupe Caisse des Dépôts emploie plus de 70 000 personnes.

III. – Un modèle économique original

La Caisse des Dépôts exerçant ses mandats publics à prix coûtant, les résultats qu'elle dégage chaque année proviennent essentiellement des revenus de son activité d'investisseur institutionnel sur les marchés financiers et de la contribution de ses filiales. Leur niveau élevé – près de 2,5 Md€ nets en 2007 – revêt une importance toute particulière, puisque la Caisse des Dépôts est d'autant plus en mesure d'investir dans des actions d'intérêt général que les résultats qu'elle dégage sont importants. Au-delà des mandats d'intérêt général qui lui sont confiés par la loi ou les pouvoirs publics, la Caisse des Dépôts développe en effet un rôle d'investisseur dans des programmes d'intérêt collectif.

Le résultat de la Caisse des Dépôts est réparti en trois tiers. Le premier tiers vient alimenter les fonds propres indispensables au maintien de sa solidité financière – en 2006, 2007 et 2008, elle arrive en tête du classement des 50 banques les plus sûres du monde réalisé par *Global finance* – et à la capacité de développement de son groupe.

Le deuxième tiers est consacré aux investissements d'intérêt général que la Caisse des Dépôts réalise dans des secteurs et des territoires insuffisamment pris en compte par le marché, et ce, avec un horizon de rentabilité à moyen ou même long terme. Ainsi, en 2007, a-t-elle investi près de 1,2 Md€ dans : la bonification du taux des prêts au logement social accordés sur les fonds d'épargne ; le développement des territoires ; le financement des petites et moyennes entreprises ; la lutte contre le changement climatique, ou encore l'économie sociale...

Le troisième tiers du résultat est versé à l'État. Ce versement s'apparente au dividende que distribuent les sociétés privées à leurs actionnaires. Il vient s'ajouter à une contribution représentative de l'impôt sur les sociétés, calculée très précisément sur les mêmes bases que celles appliquées aux entreprises. Avec le résultat généré par la gestion des fonds d'épargne, ce sont ainsi 2,1 Md€, au titre de l'exercice 2007, qui sont revenus directement aux Français, *via* l'apport de la Caisse des Dépôts au budget de la Nation dont elle est l'un des plus importants contributeurs publics.

IV. – **Les principales activités de l'Établissement public et du groupe aujourd'hui**

Les principales missions et mandats publics assurés par l'Établissement public Caisse des Dépôts au service de l'intérêt général et du développement économique sont aujourd'hui : la centralisation de l'épargne réglementée et sa transformation pour financer des priorités d'intérêt général ; le rôle de banquier du service public de la Justice et de la Sécurité sociale ; la gestion de régimes de retraite publics et parapublics ; le développement des territoires aux côtés des collectivités locales. La Caisse des Dépôts est par ailleurs l'un des tout premiers investisseurs de long terme de la Place de Paris et un acteur majeur du capital-investissement dans les PME.

Quant aux filiales du groupe Caisse des Dépôts, elles exercent leurs activités dans le champ de : l'assurance de personnes (CNP Assurances) ; l'immobilier (SNI, Icade) ; les services de transports en commun (Transdev), d'ingénierie (Egis), de tourisme et de loisirs (Compagnie des Alpes et Belambra VVF).

V. – **Élan 2020**

En décembre 2007, le groupe Caisse des Dépôts s'est doté d'un nouveau plan stratégique, Élan 2020, qui affirme son identité d'investisseur de long terme et fixe ses quatre priorités d'action et ses objectifs pour la décennie à venir (voir p. 9).

Dans le domaine du logement et de la ville, le groupe financera et construira 90 000 logements par an à compter de 2010, soit 40 % de plus qu'aujourd'hui. Il rénovera 18 000 logements de son parc avec un objectif de haute qualité environnementale.

La Caisse des Dépôts consacrera un budget d'étude de 10 M€ dès 2008 à la modernisation des universités et au développement de l'économie de la connaissance. En rythme de croisière, elle pourra y consacrer une partie de ses investissements d'intérêt général afin de créer un effet de levier.

Le groupe doublera son effort en faveur des PME en apportant des fonds propres à 1 000 d'entre elles d'ici 2010, afin notamment de développer leurs capacités exportatrices. Il y consacrera 1 Md€ sur trois ans.

Enfin, le groupe proposera une offre innovante sur l'environnement et le développement durable. Il développera ses activités dans le marché de la finance carbone. Il investira en outre dans les énergies renouvelables afin de permettre le développement du marché, avec pour objectif de détenir 5 % de la production française d'ici 2010 et 10 % en 2020.

VI. – **La transformation de l'épargne populaire en financements d'intérêt général**

Au cœur des missions confiées par la loi à la Caisse des Dépôts se trouvent la gestion des fonds d'épargne et le financement de programmes d'intérêt général.

Ce mécanisme repose sur la transformation, par la Caisse des Dépôts, de fonds collectés sur divers produits d'épargne populaire en prêts de longue durée et à taux privilégiés. Ces prêts bénéficient aux secteurs prioritaires désignés par l'État, essentiellement aujourd'hui le logement locatif social et le renouvellement urbain. Les fonds d'épargne permettent ainsi des financements publics très importants sans avoir à recourir au budget de l'État.

1. **Les ressources des fonds d'épargne : les livrets d'épargne réglementée.** – Les fonds concernés proviennent de livrets d'épargne liquide, c'est-à-dire que leur détenteur peut, à tout moment, retirer ses dépôts. Il s'agit en premier lieu du livret A – détenu à fin 2007 par environ 45 millions d'épargnants – ainsi que du livret Bleu, du livret d'épargne populaire (LEP) – réservé aux personnes qui ne sont pas ou peu redevables de l'impôt sur les revenus – et du livret de développement durable (LDD, appelé CODEVI jusqu'en 2006).

Ces livrets bénéficiant d'avantages fiscaux (les intérêts perçus sont exonérés d'impôt) et, pour le livret A, de la garantie de l'État, les sommes déposées sont, en contrepartie, partiellement centralisées à la Caisse des Dépôts pour financer des secteurs d'utilité collective.

La centralisation était auparavant totale pour les fonds provenant du livret A, ainsi que du livret Bleu ; de

85 % pour le LEP ; de 9 % pour le LDD. Par ailleurs, la distribution du livret A était réservée à La Banque postale et au réseau des Caisses d'épargne ; celle du livret Bleu au Crédit mutuel.

La loi de modernisation de l'économie (LME), adoptée en août 2008 par le Parlement, dispose que la distribution du livret A sera ouverte à l'ensemble des réseaux bancaires à compter du 1er janvier 2009.

Quant au niveau de centralisation des fonds à la Caisse des Dépôts, la LME précise qu'il sera désormais défini au-dessus d'un minimum correspondant aux besoins de financement du logement social et de la politique de la ville : ainsi, les ressources centralisées ne pourront jamais être inférieures à 1,25 fois le stock des prêts au logement social et à la politique de la ville. Cette disposition donne ainsi à la Caisse des Dépôts la garantie d'être toujours en mesure d'assurer cette mission centrale de financement.

Le taux de rémunération de ces produits d'épargne est réglementé, c'est-à-dire fixé par les pouvoirs publics. Compte tenu du nombre de détenteurs, du livret A en particulier, les baisses de ce taux ont longtemps revêtu un caractère sensible sur le plan politique. C'est pourquoi une formule automatique a été mise en place qui vérifie, au 1er février et au 1er août de chaque année, le positionnement de cette rémunération par rapport à l'évolution de l'inflation et des taux de marché.

Le taux des produits d'épargne réglementée résulte ainsi d'une moyenne arithmétique entre les taux d'intérêt à court terme et le taux de l'inflation.

Cette formule, instituée en 2003 et précisée en janvier 2008, a pour objectif de garantir le maintien du « pouvoir d'achat » des fonds déposés par les épargnants. Il existe, bien sûr, sur le marché des produits mieux rémunérés mais qui comportent une part plus ou moins grande de risque, y compris en capital. Avec un taux qui oscille depuis plusieurs années entre 2 % et 4 %, et s'agissant d'une épargne liquide et garantie, donc totalement sans risque, la rémunération du livret A est compétitive, et ce, d'autant plus qu'elle est nette de fiscalité et de frais bancaires. Il n'est en effet prélevé aucun frais d'ouverture ou de clôture sur ces livrets et les opérations de dépôts et de retraits sont gratuites.

Ces produits, simples de compréhension et d'utilisation, disponibles sur l'ensemble du territoire, constituent donc le plus souvent l'instrument privilégié d'épargne d'une population aux revenus modestes. Ainsi, près de 60 % des livrets A ont un solde moyen très faible, inférieur à 150 €.

Pour les plus défavorisés, notamment les sans-domicile fixe, le livret A et le LEP sont même souvent l'unique produit financier et un rempart contre l'exclusion. Il est en effet possible d'ouvrir un livret A à La Banque postale sans avoir à justifier d'une adresse, ce qui permet aux SDF de recevoir les allocations sociales dont ils bénéficient. Ces livrets constituent ainsi, en quelque sorte, un service bancaire universel minimum.

2. **La gestion des fonds.** – À fin 2007, l'encours global des fonds d'épargne gérés par la Caisse des Dépôts s'élève (hors capitalisation des intérêts) à près de 195 Md€, répartis en : 117,5 Md€ pour le livret A ; 50,4 Md€ pour le LEP ; 19,6 Md€ pour le livret Bleu ; et 7,4 Md€ pour le LDD.

La mission première de l'Établissement est d'assurer la sécurité et la liquidité de cette masse considérable d'épargne à vue. À tout moment, les demandes de retraits des détenteurs de livrets doivent pouvoir être honorées.

Depuis près de cent quatre-vingts ans qu'elle lui est confiée, la Caisse des Dépôts n'a jamais failli à cette mission de protection, y compris lors des nombreuses guerres et crises politiques ou économiques qu'a connues le pays, quand la panique générait des retraits massifs aux guichets.

Elle a fait face à ces événements sans jamais, non plus, demander le recours à la garantie de l'État dont bénéficie le livret A. Près de deux siècles après sa création, le livret A est encore le produit d'épargne le plus répandu en France. Peut-être faut-il voir dans sa pérennité la marque de la confiance donnée à la sécurité de sa gestion par la Caisse des Dépôts.

L'Établissement assure également la rémunération des épargnants (au 1er août 2008 : 4 % pour les livrets A, Bleu et le LDD ; 4,50 % pour le LEP), ainsi que les commissions dues aux réseaux pour leur rôle de collecteurs.

Le coût de la ressource du livret A dont dispose la Caisse des Dépôts pour assurer ses financements d'intérêt général est donc assez élevé. Pour mieux comprendre la contrainte qui est la sienne, on peut se référer à la ressource que constituent, pour les banques, les dépôts sur les comptes courants : ces fonds ne sont quasiment jamais rémunérés, ou alors faiblement (0,5 % le plus souvent).

C'est donc, en comparaison, à une ressource relativement onéreuse que la Caisse des Dépôts adosse ses prêts sur fonds d'épargne. Or ceux-ci, parce qu'ils bénéficient à des secteurs d'intérêt général, doivent être assortis de conditions financières les plus avantageuses possibles. L'Établissement doit ainsi constamment veiller à l'équilibre entre deux priorités : la sécurité et la rémunération des fonds des épargnants ; le financement au meilleur coût de programmes d'intérêt collectif.

3. **Les emplois des fonds d'épargne : les prêts.** – La destination des prêts sur fonds d'épargne a varié au cours de l'histoire pour accompagner l'évolution des besoins de la société française, mais la vocation de ces concours n'a pas changé : financer l'intérêt général. Actuellement, ce sont le logement social et la rénovation urbaine qui en bénéficient principalement. S'y ajoutent les infrastructures de transport, l'immobilier hospitalier et le traite-

ment des eaux usées. Tous types de financements confondus, la Caisse des Dépôts a accordé plus de 8,8 Md€ de prêts sur fonds d'épargne en 2007.

A) *Les prêts au logement social et à la rénovation urbaine.* – Plus d'une personne sur six en France est aujourd'hui logée dans le parc locatif social, composé de 4,5 millions de logements. L'action nationale en faveur du logement des populations moyenne et modeste repose, très majoritairement, sur les concours de la Caisse des Dépôts sur fonds d'épargne qui assurent le financement de la construction et de la réhabilitation de ces logements, ainsi que les opérations de rénovation urbaine, avec des volumes annuels de prêts extrêmement importants (6,5 Md€ en 2007), consentis aux organismes constructeurs et aux bailleurs sociaux. L'encours comptable de ces prêts, c'est-à-dire le montant de la dette des organismes HLM vis-à-vis des fonds d'épargne, est considérable : près de 85 Md€ fin 2007.

Les prêts de la Caisse des Dépôts ont deux caractéristiques majeures : ils sont accordés le plus souvent au coût de la ressource, ou même en-dessous, et pour des durées très longues (trente-deux ans en moyenne, et jusqu'à soixante ans, pour l'achat du foncier par exemple).

Ces conditions financières privilégiées sont en effet indispensables pour permettre aux organismes de logement social, d'une part, d'équilibrer leurs comptes et, d'autre part, de faire bénéficier leurs locataires de niveaux de loyers nettement inférieurs à ceux du marché, c'est-à-dire compatibles avec la vocation sociale des logements financés. Un tel dispositif est sans équivalent dans les circuits financiers « classiques ».

La gamme de prêts de la Caisse des Dépôts sur fonds d'épargne concerne l'ensemble de la chaîne du logement social et de son environnement : le développement du parc (construction et acquisition) ; l'amélioration de l'habitat ancien ; la rénovation urbaine (démolition-reconstruction de logements et aménagement urbain) ; le logement intermédiaire ; l'hébergement des populations fragilisées[1]...

La France connaît à nouveau actuellement une crise du logement dont l'une des principales causes, outre le chômage de masse et le renchérissement du prix du foncier, est la faible mobilité résidentielle des ménages.

C'est pourquoi, afin de relancer les parcours résidentiels des ménages les plus modestes, la Caisse des Dépôts a mis en place fin 2006, en concertation avec l'État, les organismes HLM et l'UESL (collecteur du 1 % logement), un ensemble de mesures, financées sur ses fonds propres, visant à accroître l'offre de logements sur toute la chaîne des catégories d'hébergement, depuis le logement d'urgence jusqu'à l'accession sociale à la propriété.

Elles consistent, pour l'essentiel, en des bonifications d'intérêts de prêts sur fonds d'épargne et en l'allongement de leur durée. Elles permettent d'augmenter la production de logements d'urgence et d'insertion. Elles permettent aussi de proposer plus de logements en accession sociale à la propriété, dans l'ancien et le neuf, grâce, notamment, à des systèmes où l'accédant ne commence à rembourser le foncier qu'après avoir terminé d'acquérir le bâti.

Par ailleurs, pour aider les opérateurs de logements sociaux à financer les surcoûts associés aux travaux d'économies d'énergie dans le neuf ou dans l'ancien, la Caisse des Dépôts a développé en 2006 et 2007 une gamme de prêts Énergie Performance, très fortement bonifiés grâce à un effort particulier sur fonds propres. Cette initiative a un double objectif : contribuer à réduire les émissions de gaz à effet de serre (GES) dans le bâtiment – environ 20 % du total des émissions en France – et diminuer la facture énergétique des locataires.

1. Le détail de cette gamme de financements est disponible sur le site internet dédié : www.habitat.caissedesdepots.fr.

Au total, entre 2004 et 2007, la Caisse des Dépôts aura consacré plus de 100 M€ de fonds propres à la bonification d'intérêt des prêts sur fonds d'épargne en faveur du logement social et de la rénovation urbaine.

B) *Les autres financements sur fonds d'épargne.* – Illustrant la capacité de la Caisse des Dépôts à s'adapter aux évolutions des besoins du pays, les fonds d'épargne financent depuis peu trois nouveaux secteurs où les exigences sont fortes.

Une enveloppe de 4 Md€ de prêts a été ouverte en 2004 pour le financement des grandes infrastructures et des réseaux de transports en commun en site propre (tramways, métros, bus...). C'est sur cette enveloppe que la Caisse des Dépôts participe, aux côtés des collectivités locales, au financement des nouvelles lignes à grande vitesse TGV Est et Rhin-Rhône, mais aussi des projets de création ou d'allongement de réseaux de tramways.

Une nouvelle enveloppe de prêts a, en outre, été ouverte en 2007 pour financer le plan Hôpital 2012 qui concerne la modernisation des bâtiments et des équipements du secteur hospitalier public et privé. Le financement de ce plan de 10 Md€ sera partagé entre les crédits de l'Assurance maladie, pour 5 Md€, le secteur bancaire privé et, pour 2 Md€, les prêts à taux préférentiels de la Caisse des Dépôts sur fonds d'épargne.

En dernier lieu, une enveloppe de 2 Md€ sur fonds d'épargne a été ouverte début 2008 pour financer la mise en conformité avec les directives communautaires des installations de retraitement des eaux usées.

La Caisse des Dépôts assure par ailleurs, sur les fonds centralisés du livret de développement durable (ex-CODEVI), le refinancement, à un taux privilégié, d'établissements financiers spécialisés dans le crédit aux petites et moyennes entreprises.

4. **L'équilibre entre les ressources et les emplois.** – Pour garantir l'équilibre, ainsi que la rentabilité, de ce mécanisme massif de transformation d'une épargne à vue en prêts de très longue durée accordés au coût de la ressource, la Caisse des Dépôts place sur les marchés financiers une part importante des fonds centralisés.

La valeur des portefeuilles de valeurs mobilières des fonds d'épargne s'élève, fin 2007, à près de 120 Md€. Dans un objectif particulièrement prudent de gestion, ils sont essentiellement composés (près de 90 %) d'actifs de taux (obligations et valeurs du Trésor). Même si elle reste proportionnellement faible (10 % environ), la part des actions a été accrue au cours des dernières années afin d'améliorer sur la durée la rentabilité des placements.

Les résultats dégagés par la gestion des fonds d'épargne (1,257 Md€ en 2007) viennent alimenter les fonds propres qui garantissent la sécurité du système.

Au titre de la garantie qu'il apporte au livret A, l'État prélève chaque année un montant, qui fait l'objet d'un avis de la Commission de surveillance, et qui correspond à l'excédent des fonds propres par rapport au niveau requis. La Caisse des Dépôts a versé, depuis 1984, plus de 70 Md€ au budget de l'État à ce titre.

La Caisse des Dépôts assure au prix coûtant la double mission de gestion des fonds d'épargne et de financement de programmes d'intérêt général qui s'inscrit dans le cadre des mandats de service public qui lui sont confiés par la loi. La gestion des fonds d'épargne est séparée de celle des autres activités de l'Établissement public, retracée dans une comptabilité patrimoniale distincte et non consolidée.

VII. – Un retraité sur cinq en France

Dès sa création en 1816, la Caisse des Dépôts s'est vu confier la gestion des premiers systèmes de retraite publique. Cette responsabilité participe toujours de sa

mission première : contribuer au développement de l'épargne et de la prévoyance.

En relation avec 80 000 employeurs, la Caisse des Dépôts assure aujourd'hui la gestion de 51 institutions de retraite, qui couvrent plus de 7 millions de cotisants et près de 3 millions de pensionnés, soit un retraité sur cinq en France.

La surveillance et le contrôle de ces institutions sont exercés par des conseils d'administration, au sein desquels sont représentés l'ensemble des parties prenantes – employés et employeurs – ainsi que, s'agissant de mandats publics, l'État.

En 2007, la Caisse des Dépôts a perçu 23 Md€ de cotisations et versé 18,2 Md€ de prestations.

Ses mandats s'appliquent à trois domaines : les régimes de retraite du secteur public ; les fonds d'indemnisation et de prévention des risques professionnels et les fonds pour l'insertion et le maintien dans l'emploi des personnes handicapées ; divers fonds de compensation.

Les gestions assurées font appel aux différentes techniques de financement – par répartition et par capitalisation – de gestion de droits et de pilotage des régimes. L'Établissement intervient dans la gestion technique et administrative de régimes de base, complémentaires, supplémentaires et additionnels, ainsi que dans les prestations sociales relevant de la solidarité.

Pour offrir à ses mandants, dans un cadre rigoureux de sécurité, la meilleure qualité de service au meilleur coût, la Caisse des Dépôts s'attache à moderniser ses systèmes d'information, adopte les meilleures normes de gestion administrative et financière, et met en place des procédures de simplifications administratives.

La Caisse des Dépôts veille également à donner au pilotage des différents régimes une vision de long terme. C'est pourquoi elle mène des études prospectives sur leur équilibre à venir et réalise des simulations et des calculs

actuariels en vue de leur adaptation à l'évolution du contexte économique et démographique.

1. **Les principaux régimes gérés.** – La Caisse des Dépôts gère cinq grands régimes de retraite par répartition pour les personnels titulaires, contractuels et les ouvriers des trois fonctions publiques : l'État et ses établissements publics administratifs ; les collectivités territoriales et leurs établissements publics ; les établissements hospitaliers et médico-sociaux :

- la CNRACL, caisse de retraite de base des fonctionnaires titulaires des collectivités locales et des établissements hospitaliers, créée en 1945 : 1 947 851 cotisants et 890 309 pensionnés ;
- l'Ircantec, caisse de retraite complémentaire des agents contractuels des trois fonctions publiques et des élus locaux, créée en 1971 : 2 524 000 cotisants et 1 713 000 retraités ;
- le RAFP, régime de retraite additionnelle de la fonction publique : 4 560 000 cotisants potentiels ;

La gestion du RAFP, créé en 2003, est confiée à la Caisse des Dépôts

Ce nouveau régime obligatoire est une des innovations importantes de la réforme des retraites en 2003. Pour la première fois, une partie des primes des fonctionnaires est prise en compte pour le calcul de leur retraite.

Il a été institué par la loi du 21 août 2003 portant réforme des retraites (art 76). Sa mise en œuvre effective a débuté le 1er janvier 2005. C'est un régime obligatoire pour les fonctionnaires titulaires des trois fonctions publiques. Il est assis sur les primes, qui ne donnaient pas auparavant de droit à pension, dans la limite d'un plafond de 20 % du traitement indiciaire. C'est un régime par répartition et par points : le

conseil d'administration fixe chaque année la valeur d'acquisition et la valeur de service (c'est-à-dire de versement) du point. C'est un régime contributif : les droits acquis sont proportionnels aux cotisations versées par les employeurs et les salariés. C'est un régime provisionné : les engagements sont couverts par une réserve financière. Celle-ci sera abondante puisque les prestations versées seront faibles dans les vingt premières années d'existence du régime. On estime le flux de réserve (cotisations moins versements) à 1,2 Md€ par an pendant dix ans, soit 20 Md€ en 2020.

Les pouvoirs publics ont décidé de confier la gestion du RAFP à la Caisse des Dépôts après avoir étudié la compétitivité et la performance de l'offre présentée par l'Établissement, détaillée en termes d'architecture, de coûts et d'organisation.

L'obtention de ce nouveau mandat a constitué un développement structurant pour la Caisse des Dépôts, la positionnant clairement comme le gestionnaire de référence des retraites publiques et semi-publiques en France.

- la Retraite des mines : 10 254 cotisants et 355 981 retraités ;
- le Fonds spécial des pensions des ouvriers de l'État (FSPOEIE) : 51 468 cotisants et 105 371 pensionnés.

La Caisse des Dépôts assure également la gestion de régimes de retraites supplémentaires pour des catégories socioprofessionnelles particulières :

- le Fonds de pension des élus locaux (FONPEL) ;
- le Fonds d'allocation des élus en fin de mandat (FAEFM) ;
- le régime de retraite supplémentaire de la Compagnie générale maritime (CGM).

La Caisse des Dépôts gère en outre divers fonds d'allocations vieillesse relevant de la solidarité nationale : allocation de solidarité pour les personnes âgées (ASPA) pour certaines catégories de bénéficiaires particulièrement démunis.

Lui sont aussi confiés le Fonds national de prévention des accidents du travail et des maladies professionnelles de la CNRACL, les fonds nationaux de compensation entre collectivités et établissements publics et diverses rentes d'invalidité, ainsi que, depuis 2006, le Fonds pour l'insertion des personnes handicapées dans la fonction publique (FIPHFP).

2. **Le Fonds de réserve pour les retraites (FRR).** – En 2001, les pouvoirs publics confient à la Caisse des Dépôts une mission d'un genre inédit : la gestion du Fonds de réserve des retraites (FRR). C'est une responsabilité considérable, puisque ce fonds constitue un outil essentiel de consolidation de l'avenir du système français des retraites.

Les différents régimes obligatoires qui composent ce système, et qui reposent sur la logique de la répartition et de la solidarité intergénérationnelle, doivent en effet faire face à deux très importantes évolutions démographiques : l'arrivée à l'âge de la retraite des générations du *baby-boom* avec, à partir de 2005, des flux de nouveaux pensionnés passant d'environ 500 000 par an à plus de 800 000 ; l'allongement de l'espérance de vie, et donc de la durée de versement des pensions, qui pourrait passer d'un peu plus de vingt-deux ans en moyenne aujourd'hui à environ vingt-huit ans en 2040, soit un accroissement moyen d'environ deux mois par an.

La mission du FRR, mis en place par la loi du 17 juillet 2001, est de constituer des réserves financières et de les faire fructifier afin de contribuer, à compter de 2020, à la couverture des besoins de financement des régimes de base, grâce à la gestion optimale des ressources que lui confie la collectivité nationale.

Aux termes de la loi de 2001, ces ressources sont essentiellement issues : d'une partie du prélèvement social de 2 % sur les revenus du patrimoine et des placements ; des excédents de la Caisse nationale d'assurance vieillesse (CNAV) ; du produit de cessions d'actifs par l'État (privatisations, produit de la vente des licences UMTS...).

À fin 2007, le montant des actifs du FRR était de 34,5 Md€, dont 98 % étaient investis en valeurs mobilières (actions et obligations), pour un montant de 33,8 Md€. La performance réalisée par le FRR est très positive, puisque, depuis son démarrage opérationnel, au début de l'été 2004, elle se situait fin 2007 à 8,8 % (en net annualisé).

En tant qu'investisseur public de long terme, le FRR se doit de rechercher constamment le meilleur équilibre entre rendement financier et maîtrise du risque. Il importe en outre qu'il prenne en compte, dans sa gestion, des valeurs collectives de développement économique, social et environnemental équilibré. Cette orientation se traduit en particulier par l'intégration de critères extrafinanciers (investissements socialement responsables) dans les choix.

3. **Le droit à l'information des assurés.** – L'instauration, par la loi sur les retraites d'août 2003, du droit à l'information des assurés a pour objectif de faciliter la compréhension par tous de la constitution de ses droits à pension. Grâce à l'information apportée par les différents régimes, chaque citoyen doit disposer d'éléments récapitulatifs de carrière, afin de mieux construire et préparer sa future retraite.

Depuis le 1er juillet 2007, les organismes gestionnaires de retraite ont donc l'obligation d'adresser tous les cinq ans à leurs assurés âgés de 55 ans une estimation indicative globale (EIG) du montant leurs pensions et à ceux âgés de 35 ans un relevé de situation individuelle (RIS), qui récapitule leurs droits à retraite en fonction du déroulé de leur vie professionnelle. En raison du nombre très important de personnes concernées, la mise en œuvre se fait progressivement sur une période transitoire s'achevant en 2010.

Il s'agit là d'un travail considérable pour les gestionnaires, puisque tant le RIS que l'EIG doivent cumuler l'ensemble des droits acquis au titre de tous les régimes légaux de sécurité sociale auxquels le salarié et ses employeurs ont cotisé, tant les régimes de base, que les régimes complémentaires ou spéciaux.

Pour parvenir à l'élaboration des documents, les gestionnaires ont dû engager de très importants travaux préparatoires aux échanges d'informations nécessaires. Dès 2005, la Caisse des Dépôts et les régimes qu'elle gère ont pris toutes les dispositions pour être en mesure de répondre à leurs obligations.

L'Établissement a, en outre, été l'un des acteurs de la création d'un groupement d'intérêt public, le GIP Info Retraite, chargé d'élaborer des procédures et des circuits collectifs d'échanges qui permettent de délivrer une information complète et fiable, dans des conditions respectant la plus stricte confidentialité pour les assurés. Il participe activement aux travaux de ce GIP, qui regroupe désormais la quasi-totalité des organismes de retraite français (38 régimes, de base, complémentaires, du public comme du privé).

4. **Contribuer à la modernisation des gestions publiques.** – S'agissant de régimes de retraite, comme pour tous ses autres mandats, la Caisse des Dépôts entend contribuer à la modernisation des gestions publiques. Dans cette optique, elle mène une politique rigoureuse de maîtrise de ses coûts. Elle s'attache à simplifier les processus, développe les services et prestations en ligne, et conduit régulièrement des enquêtes de satisfaction clients. La quasi-totalité des régimes qu'elle gère est certifiée.

Elle a par ailleurs engagé un programme de clarification de sa relation avec ses mandants pour lui donner un cadre contractuel : ses principaux mandats sont désormais régis par des conventions d'objectifs et de gestion.

Enfin, la Caisse des Dépôts participe activement au débat sur l'avenir des régimes de retraite. Elle organise ainsi chaque année un forum des acteurs du monde de la retraite dont l'objectif est de favoriser le dialogue entre décideurs de la vie politique et de la protection sociale, chercheurs, économistes, gestionnaires et responsables syndicaux.

En outre, compte tenu du nombre et de la diversité de ses mandats, elle a été en mesure d'être force de proposition auprès des pouvoirs publics dans la réflexion qui a précédé la réforme de 2003. De même, elle participe aux différentes instances qui travaillent actuellement à la poursuite de la réforme des retraites.

VIII. – **La gestion des fonds protégés par la loi et les activités bancaires**

Aux termes des textes de 1816, la Caisse des Dépôts est instituée pour « recevoir, administrer et conserver pendant tout le temps nécessaire, et dans des circonstances légalement ou administrativement prévues, certaines sommes ou valeurs qu'il importe plus particulièrement de protéger, à raison soit de leur origine, soit d'un litige, d'un état d'indivision ou d'une affectation dont elles font l'objet ». [...] L'institution a pour raison d'être de « donner une sécurité absolue aux capitaux qui doivent y être versés, et en même temps de les rendre productifs, tant dans l'intérêt général que dans celui des déposants eux-mêmes ».

C'est au titre de ces textes fondateurs, et parce qu'une protection rigoureuse doit toujours leur être assurée aujourd'hui, que la Caisse des Dépôts reçoit les fonds consignés par décision légale ou réglementaire. C'est dans le même souci de sécurité, et conformément à la loi, que les notaires et les administrateurs et mandataires judiciaires (AJMJ) sont tenus de déposer auprès d'elle les fonds qu'ils détiennent pour le compte de leurs clients.

En raison du niveau élevé de sécurité de ses services bancaires, d'autres professions juridiques (huissiers, greffiers...) choisissent par ailleurs de confier leurs comptes à l'Établissement. Il en va de même de nombre d'institutions d'intérêt général, tels qu'organismes de protection sociale et de logement social, sociétés d'économie mixte (SEM), fondations, établissements publics...

Depuis 1967, la Caisse des Dépôts est en outre le banquier de la Sécurité sociale.

Afin d'offrir un service de proximité aux 47 000 clients de ses prestations bancaires, la Caisse des Dépôts s'appuie, outre les agences parisiennes de son siège, sur le réseau du Trésor public (trésoreries générales et perceptions), dans le cadre d'une convention de partenariat qui fixe précisément le contour de cette mission.

1. **Les consignations.** – L'objectif d'une consignation est de protéger les droits de personnes physiques ou morales, par la conservation de dépôts en numéraire ou en titres, selon les modalités fixées par une loi ou un règlement, une décision administrative, ou de justice. La Caisse des Dépôts conserve ces fonds en toute neutralité et les remet lorsqu'une décision légale en a désigné le bénéficiaire. Une prescription trentenaire s'applique aux consignations : au-delà de ce délai, les fonds consignés sont versés au Trésor public.

Protéger les gains des enfants

Ils ont entre 2 mois et 18 ans. Ils sont acteurs, chanteurs, mannequins... L'argent qu'ils gagnent est confié à la Caisse des Dépôts jusqu'à leur majorité.

La loi du 6 août 1963 réglemente strictement les conditions d'emploi et la rémunération des enfants dans le monde du spectacle. Celle du 12 juillet 1990 complète ce dispositif de protection du travail des mineurs dans le domaine du mannequinat de publicité ou de mode. L'un et l'autre textes confient à la Caisse des Dépôts la protection et la fructification de leurs gains, en attendant qu'ils aient 18 ans et que ces sommes puissent leur être versées. 30 000 comptes d'enfants du spectacle sont actuellement ouverts à la Caisse des Dépôts, pour un encours de l'ordre de 30 M€.

En 1816, il n'existait que 16 cas de consignations. Au fur et à mesure du développement économique et social de la France, des nouveaux cas ont été institués : environ 120 sont actuellement en vigueur, dont le détail peut être consulté sur http://consignations.caissedesdepots.fr/. Ces cas peuvent être regroupés en quatre catégories principales :

- les consignations de fonds de tiers : il s'agit d'avoirs détenus par des professionnels dans le cadre de l'exercice de leur activité. Un notaire, par exemple, qui ne peut verser les fonds d'une succession parce qu'un ayant droit s'avère introuvable ;
- les consignations de fonds en déshérence : il s'agit de fonds détenus par des institutions publiques ou privées et non réclamées par leurs bénéficiaires. Par exemple, les sommes « oubliées » sur les comptes inactifs depuis dix ans, que les banques ont la faculté de consigner, ou encore les avoirs de personnes décédées lors de leur hospitalisation et dont les héritiers ne se sont pas fait connaître ;
- les consignations de sommes litigieuses : il s'agit de fonds sur lesquels des intérêts contradictoires se manifestent, ou qui nécessitent une répartition entre plu-

sieurs ayants droit. La Caisse des Dépôts constitue un dépositaire neutre et remet les fonds à celui qui sera finalement désigné, par décision de justice, pour les recevoir ;

– les consignations dites garanties : il s'agit de sommes déposées afin de garantir le respect de ses obligations par une personne ou la solvabilité d'un professionnel. C'est le cas, notamment, des cautionnements versés par les personnes placées sous contrôle judiciaire ou encore les montants que les exploitants de matières premières polluantes sont tenus de bloquer, sur décision du préfet, pour permettre la future remise en état des sites.

On mesure bien l'importance de ce rôle de tiers de confiance de la Caisse des Dépôts au vu des chiffres : en 2007, l'encours moyen des fonds consignés confiés à sa protection s'élevait à plus de 3 Md€ en numéraire et près de 5,6 Md€ en titres, et l'Établissement gérait environ 650 000 dossiers de consignations.

Les années noires : la spoliation des biens juifs

En application des lois raciales du gouvernement de Vichy, la Caisse des Dépôts, dans son rôle de consignataire, a participé sous l'Occupation à la spoliation des Juifs. Entre 1941 et 1944, elle a ouvert 29 700 dossiers de « consignations juives ».

Après la reconnaissance, en 1995, par le président Jacques Chirac, de la responsabilité de l'État français sous le gouvernement de Vichy dans les persécutions antisémites, la Caisse des Dépôts a décidé d'assumer ses propres responsabilités. Elle a mené des travaux approfondis de recherches sur les spoliations et les restitutions opérées depuis la Libération.

Elle a ainsi traité plus de 10 000 dossiers restés en instance depuis l'après-guerre, pour son compte et celui de l'ensemble des établissements financiers de la Place, afin d'indemniser les victimes ou leurs ayants droit qui ne l'avaient pas encore été.

2. **Le banquier du service public de la Justice.** – Deux décrets, du 30 janvier et du 2 février 1890, confient à la garde de la Caisse des Dépôts les fonds déposés par les particuliers chez leurs notaires, notamment dans l'attente du dénouement des successions ou de la finalisation des transactions immobilières. L'Établissement a longtemps partagé ce rôle avec le Crédit agricole pour les études des zones rurales ; il en a le monopole depuis 2000.

Près d'un siècle plus tard, la loi du 25 janvier 1985 dispose que la Caisse des Dépôts assure également la gestion des sommes reçues par les administrateurs et mandataires judiciaires (AJMJ) dans le cadre des procédures de dépôt de bilan et de redressement judiciaire des entreprises qu'ils mettent en œuvre.

Sans en avoir l'obligation légale ou réglementaire, nombre de professionnels de la Justice (huissiers, greffiers de tribunaux de commerce...) choisissent de confier leurs comptes professionnels à l'Établissement dont l'ensemble des activités bancaires est certifié, dans le cadre d'une démarche intégrant qualité, performance économique, management et gestion des risques.

On notera d'ailleurs que, dans le cadre de la réforme qui les oblige depuis 2007 à inscrire les fonds de tiers qu'ils détiennent dans des comptes spécifiques et auprès d'un établissement bancaire unique, les deux tiers des études d'huissiers de justice ont choisi la Caisse des Dépôts comme banquier.

La Caisse des Dépôts investit dans des projets contribuant à la modernisation et à la performance du service public de la Justice : banque en ligne, sécurisation des échanges de données... Ainsi, par exemple, a-t-elle mis sa banque électronique au service de la dématérialisation des échanges entre la direction générale des Impôts et les notaires, ce qui permet de rendre les inscriptions hypothécaires plus rapides et d'améliorer la sécurité des transactions immobilières. Elle a également, autre exemple parmi beaucoup d'autres, participé à la mise en place d'un Observatoire économique des entreprises en difficulté avec le Conseil national des AJMJ.

Elle s'attache en outre, aux côtés de la Chancellerie et des professionnels de la Justice, à conforter le rayonnement international de notre système de droit : elle joue un rôle actif dans la Fondation pour le droit continental destiné à en fédérer la promotion et la diffusion à l'étranger.

L'Établissement veille à la fois à apporter aux professions juridiques une qualité de service conforme aux meilleures pratiques de la Place et à intégrer les besoins spécifiques de sécurité liés à la détention de fonds appartenant à autrui. Il porte une attention toute particulière à la sécurité opérationnelle de la tenue des comptes et des moyens de paiement, ainsi qu'aux dispositifs de lutte contre le blanchiment de l'argent et contre le financement du terrorisme.

De telles mesures de protection sont d'autant plus nécessaires que les sommes gérées par la Caisse des Dépôts au titre des fonds déposés par les professions juridiques sont considérables : l'encours moyen s'élevait en 2007 à près de 30 Md€ en numéraire et 1,7 Md€ en titres.

3. **Le banquier de la Sécurité sociale.** – Les ordonnances de 1967 ont confié à l'Agence centrale des organismes de sécurité sociale (ACOSS), nouvellement créée, la gestion de la trésorerie du régime général et à la Caisse des Dépôts la tenue des comptes de l'agence.

La Caisse des Dépôts apporte à la Sécurité sociale un service de tenue de comptes complexe et performant. Elle a ainsi développé une architecture de comptes et des prestations spécifiques permettant d'agréger et de connaître en temps réel la situation de trésorerie du régime général et d'en optimiser la gestion. Ce dispositif est un facteur de rationalisation des besoins de financement et donc de réduction des coûts.

Comme pour tous ses mandats publics, et dans une double volonté de transparence et de rigueur, les relations entre la Caisse des Dépôts et l'ACOSS sont régies par une convention dont les modalités, notamment financières, sont réexaminées tous les cinq ans.

Bien qu'elles n'y soient pas réglementairement tenues, un grand nombre de caisses payeuses du régime général – caisses d'allocations familiales (CAF), caisses primaires d'assurance maladie (CPAM) – sont également clientes de la Caisse des Dépôts. L'Établissement prend en charge la tenue de leurs comptes de disponibilités et de leurs comptes bancaires courants pour lesquels il propose des prestations de paiement en nombre. Il assure un tiers des virements émis par ces organismes au bénéfice des assurés sociaux.

La Sécurité sociale doit régulièrement faire face, compte tenu des décalages dans le temps entre les rentrées de cotisations et les sorties de prestations à verser, à de très importants besoins de trésorerie. Afin de les couvrir, elle fait, essentiellement, appel aux avances que lui accorde la Caisse des Dépôts, dont le plafond autorisé en 2007 était de 25 Md€. Pour 2008, la Caisse des Dépôts a fixé son plafond d'intervention à 31 Md€, pour un besoin global évalué par la loi de financement de la Sécurité sociale à 36 Md€.

L'Établissement met à la disposition de l'ACOSS l'ensemble des concours qui permettent à celle-ci de couvrir ses besoins : des avances prédéterminées (montant et dates connues) ; des avances exceptionnelles (les sommes et les durées ne sont pas établies à l'avance) ; et même des avances mobilisables avec un préavis de seulement vingt-quatre heures, afin de gérer les fluctuations quotidiennes de trésorerie. Compte tenu de l'importance des sommes en jeu, il s'agit là d'un service bancaire que peu d'établissements financiers sont en mesure d'assurer, faute de la surface financière nécessaire.

La Caisse des Dépôts est ainsi un chaînon financier essentiel du système français de protection sociale.

4. **Partenaire bancaire de clients institutionnels.** – La Caisse des Dépôts compte parmi ses clients, soit en vertu de textes réglementaires, soit à titre volontaire, un peu plus de 3 000 institutionnels d'intérêt général. Banquier traditionnel des sociétés d'économie mixte (SEM) et des organismes de logement social (OLS), elle est aussi présente auprès des fondations, des associations nationales et des établissements publics. L'encours moyen des fonds gérés pour cette clientèle s'élevait, à fin 2007, à près de 14 Md€ en numéraire et plus de 7 Md€ en titres.

En juillet 2006, l'Agence nationale des services à la personne a choisi la Caisse des Dépôts comme établissement financier centralisateur et compensateur du chèque emploi-service universel (CESU), le nouveau moyen de paiement des activités de services à la personne. Il comporte une version de titre-service prépayé (CESU-TSP), pour lequel la Caisse des Dépôts assure la fonction de banque centralisatrice.

La prise en charge de cette nouvelle mission conforte le rôle de place de la Caisse des Dépôts dans les échanges interbancaires et complète son engagement dans le développement des services à la personne.

5. **Les mandats publics et européens.** – La Caisse des Dépôts fournit des prestations de gestion administrative, financière et comptable dans le cadre de mandats confiés par différents partenaires, essentiellement publics. Elle assure ainsi la gestion de 16 fonds domestiques et fonda-

tions et de 28 programmes financés par les fonds structurels européens. Quelques exemples :

– *Le fonds de compensation pour le service public universel de l'électricité.* En 2001, la libre concurrence de la distribution de l'énergie électrique a été instaurée au sein de l'Union. Conformément aux directives européennes, l'État a mis en place un dispositif de compensation destiné à indemniser les opérateurs pour les missions d'intérêt général qu'ils assurent : développement des énergies renouvelables et de la cogénération ; péréquation géographique nationale des tarifs ; fourniture d'électricité aux personnes en situation de précarité. Depuis 2002, la Caisse des Dépôts gère, à ce titre, des flux de l'ordre de 160 M€ par an, entre les contributeurs privés et la dizaine de bénéficiaires, dont EDF est le plus important. Elle assure des prestations analogues pour les services publics des télécommunications et du service postal.

– *La Fondation de l'Attentat du DC 10 d'UTA.* L'implication de la Caisse des Dépôts a été particulièrement significative depuis la création de la fondation destinée à gérer les fonds versés par la Libye pour indemniser les ayants droit des victimes de l'attentat de septembre 1989 dont elle a reconnu la responsabilité : organisation et secrétariat des séances du conseil d'administration, suivi de gestion au quotidien, gestion de la trésorerie, contrôle des paiements, suivi des litiges et assistance juridique sur les procédures contentieuses, tenue de la comptabilité. 125 M€ d'indemnisations ont été versés aux familles des victimes de l'attentat, qui comptaient plus de 1 200 ascendants, descendants et collatéraux.

– *Les fonds structurels européens.* La Caisse des Dépôts assure la gestion de 28 programmes financés par les fonds structurels européens, pour une enveloppe globale de 1,5 Md€ en 2007. Elle en est l'autorité de paiement et assure des prestations administratives et financières, aux côtés des régions qui en ont la charge.

– *Les programmes-cadres de recherche et de développement technologique (PCRD).* La Caisse des Dépôts joue le rôle de coordinateur administratif et financier pour huit consortiums (centres de recherche, universités, entreprises), qui bénéficient d'allocations de Bruxelles dans le cadre de programmes de recherche européens.

IX. – De la protection des fonds à celle des données administratives ou personnelles

Le besoin de sécurité et de protection ne s'applique plus aujourd'hui qu'au seul patrimoine financier : l'essor rapide de l'administration électronique, la dématérialisation d'un nombre croissant d'actes et de documents administratifs, la multiplication des banques de données, l'augmentation exponentielle des échanges d'information doivent s'accompagner de règles d'autant plus strictes et d'outils d'autant plus fiables qu'il s'agit, dans nombre de cas, de données personnelles et donc confidentielles. C'est pourquoi, à côté de sa mission traditionnelle de tiers de confiance financier, la Caisse des Dépôts développe un nouveau rôle, celui de « tiers de confiance numérique ».

À la demande des pouvoirs publics et des associations d'élus locaux, la Caisse des Dépôts s'est engagée dès 2000 dans le soutien au déploiement de l'administration électronique locale. Celle-ci constitue un volet important de la réforme de l'État et de la modernisation du service public. Pour les particuliers, elle signifie, en effet, démarches évitées et gains de temps ; pour les administrations, tâches répétitives allégées et risques d'erreurs réduits ; pour les collectivités publiques, modernisation et économies.

Grâce à sa proximité avec les collectivités locales et à sa capacité à faire dialoguer les acteurs publics et privés (administrations et élus, d'une part ; industriels, fournisseurs de logiciels et investisseurs, d'autre part), l'Établissement a ainsi piloté la mise au point de services dont la caractéristique principale est l'attention portée à la sécurité des données. Quelques exemples :

- *FAST,* plate-forme électronique qui assure la sécurité et l'authentification des échanges électroniques, entre collectivités publiques et services de l'État, de documents officiels présentant une valeur juridique ou financière ;
- *Service public local,* développé en partenariat avec La Documentation française, qui offre un guichet électronique unique pour toutes les formalités administratives de proximité, qu'elles soient d'État, sociales ou municipales ;
- c'est également en tant que tiers de confiance que les pouvoirs publics ont demandé à la Caisse des Dépôts de participer à la mise au point du *dossier médical personnel* (DMP). Elle est membre du groupement d'intérêt public (GIP) qui l'expérimente, aux côtés de l'État et de la Caisse nationale d'assurance maladie. Un dossier où la vigilance en matière de sécurité et de protection des données est évidemment essentielle.

X. – **La lutte contre le dérèglement climatique : la finance carbone**

La Caisse des Dépôts joue un rôle précurseur dans le développement de la finance carbone. Elle applique ainsi à un domaine d'intérêt collectif crucial sa longue tradition de recherche et développement dans le domaine économique et sa capacité à innovation pour créer de nouveaux produits financiers. Elle contribue ainsi à la mise en place des outils nécessaires à l'application du Protocole de Kyoto pour la réduction des émissions de gaz à effet de serre et la lutte contre le dérèglement climatique.

De quoi s'agit-il ? Les pays signataires du Protocole de Kyoto se voient attribuer un quota national de réduction d'émissions de dioxyde de carbone (CO_2). Celui-ci est ensuite décliné en objectifs pour chaque industriel qui doit mettre en œuvre des mesures de diminution de ses émissions ou, s'il n'atteint pas ses objectifs, acheter sur le marché des droits à émettre. En France, ce sont 1 200 sites industriels et de production d'énergie, générant environ 30 % des émissions, qui sont concernés. Un registre national est créé dans chaque pays, où sont regroupés les comptes sur lesquels les industriels et les intervenants de marché gèrent ces quotas.

En décembre 2004, l'Établissement a été chargé par l'État de gérer le registre français. Afin d'assurer la mission qui lui était confiée dans un domaine totalement nouveau, la Caisse des Dépôts a développé un logiciel, Seringas. Ses performances lui ont permis d'être retenu également par huit autres pays : Suisse, Monaco, Liechtenstein, République tchèque, Slovaquie, Pologne, Biélorussie, Russie.

La Caisse des Dépôts a par ailleurs initié, aux côtés d'Euronext – la première bourse mondiale sur les marchés au comptant –, la création, en juin 2005, d'un marché européen de quotas de CO_2, appelé Powernext Carbon. Cette première étape a été suivie, dans le cadre du rapprochement entre le New York Stock Exchange (Nyse) et Euronext, du lancement, le 22 janvier 2008, de la société BlueNext, bourse mondiale de l'environnement, gestionnaire du marché organisé international pour la négociation et le règlement-livraison de quotas et crédits de CO_2.

Détenue à 60 % par Nyse Euronext et à 40 % par la Caisse des Dépôts, BlueNext bénéficie du réseau international et du savoir-faire de Nyse Euronext dans la gestion de marchés boursiers ainsi que de l'expertise reconnue de la Caisse des Dépôts dans la finance carbone, notamment grâce à sa maîtrise du règlement-livraison et de la technologie permettant la connexion marchés-registres.

L'accès à ce marché organisé nécessite des outils de gestion que les industriels européens de taille moyenne, ou les intervenants occasionnels, ne sont pas en mesure de mettre en œuvre. C'est pour contribuer à l'animation de ce marché naissant que la Caisse des Dépôts a acquis en 2007 une société de courtage, Sagacarbon, spécialisée dans l'intermédiation des instruments financiers adossés aux quotas d'émissions de gaz à effet de serre. Cette société négocie sur le marché au comptant pour le compte de ses clients, au travers de BlueNext dont elle est membre, ou de gré à gré avec des contreparties européennes.

La Caisse des Dépôts est également à l'initiative de la création, en avril 2005, du Fonds carbone européen (FCE) dont elle est copromoteur avec le groupe financier franco-néerlandais Fortis. Une dizaine d'investisseurs institutionnels européens les ont rejoints et le FCE a levé près de 143 M€ depuis sa création. Il investit, d'une part, dans des quotas sur le marché européen et, d'autre part, dans des projets de réduction des émissions de CO_2 dans les pays en développement. Il assure ainsi le financement de projets favorables à l'environnement et au transfert de technologies propres.

Dans sa première phase, le système européen d'échange de quotas ne concerne encore que la sphère industrielle. Pourtant, d'autres secteurs économiques, comme l'agriculture, le bâtiment ou les transports sont très fortement émetteurs de CO_2. Dans le cadre du dispositif dit de « projets domestiques » du protocole de Kyoto, il est cependant possible d'agir dès maintenant sur ces secteurs. C'est pourquoi les pouvoirs publics ont initié en décembre 2006 un programme de projets domestiques qui pourrait permettre à la France de réduire ses émissions de 10 à 15 millions de tonnes de CO_2 sur cinq ans. Pour contribuer à sa réussite, et permettre l'accès du dispositif au plus grand nombre, la Caisse des Dépôts a lancé en 2007 un appel à projets. Elle facilite le montage des programmes retenus en garantissant, avec un partenaire étranger qu'elle se charge de trouver, l'achat de la totalité des réductions d'émissions générées : elle va ainsi se porter acquéreur pour 5 millions de tonnes d'équivalent CO_2 sur la période 2008-2012.

XI. – Investir pour accompagner les politiques locales de développement

Partenaire des collectivités locales et acteur du développement du territoire depuis sa création, la Caisse des Dépôts accompagne sur le long terme les politiques territoriales par ses investissements d'intérêt général dans des projets structurants. En 2007, elle y a consacré près de 490 M€ sur ses fonds propres, dont plus de 400 M€ d'investissement et 87,5 M€ d'études et d'ingénierie de projets.

La Caisse des Dépôts intervient dans des territoires et des secteurs insuffisamment pris en compte par le marché. Par ses investissements, elle entend ainsi participer à la redynamisation de quartiers, de sites ou de territoires fragilisés.

L'objectif est de créer des dynamiques de développement, des effets d'entraînement qui incitent les opérateurs et investisseurs privés à venir, ou revenir, sur ces marchés. Son engagement sécurise en effet les tours de table, génère des effets de levier et permet à des programmes, qui sans cela ne pourraient aboutir, de se concrétiser.

Redonner vie à un quartier ou à un territoire nécessite d'agir sur de multiples leviers : renouvellement urbain, diversité de l'habitat, immobilier d'activité, équipement sanitaire et social, commerce, environnement, équipement numérique... L'action doit s'appuyer en amont sur des études approfondies afin de donner sa cohérence au projet global. Enfin, la réalisation des programmes doit faire l'objet d'un pilotage qui en assure la coordination.

À chacune de ces étapes, les collectivités locales peuvent s'appuyer sur l'expertise financière, juridique et technique des directions régionales de la Caisse des Dépôts qui entretiennent avec les élus une relation forte de proximité. La diversité des modes d'intervention de la Caisse des Dépôts lui permet en outre de mobiliser rapidement des ressources et des compétences pour apporter des solutions durables à la demande publique.

Le réseau des directions régionales

Depuis 1960, l'Établissement public est décentralisé en 25 directions régionales qui mettent en œuvre, sur le plan local, les missions d'intérêt général de la Caisse des Dépôts sur l'ensemble du territoire :

- gestion de fonds privés requérant une protection particulière, en particulier les dépôts réglementés des professions juridiques ;
- prêts sur fonds d'épargne pour le financement du logement social, de la politique de la ville et des infrastructures ;
- investissements en accompagnement des politiques publiques pour le développement des territoires.

Le réseau des directions régionales assure l'instruction des dossiers et la relation opérationnelle de proximité avec les élus et les acteurs du monde local.

1. **Des projets immobiliers pour redynamiser les territoires.** – La Caisse des Dépôts investit, en partenariat avec des acteurs privés, dans des projets immobiliers structurants pour un quartier défavorisé ou un territoire, en accompagnement des politiques locales : logements, immobilier d'entreprise, centres commerciaux, hôpitaux, structures sanitaires et médico-sociales, infrastructures de loisirs et touristiques... En 2007, elle y a consacré près de 150 M€.

Deux exemples de projets immobiliers

1. Rénovation des « Dames de France » à Perpignan : l'effet d'entraînement

La rénovation de l'immeuble des « Dames de France » à Perpignan constitue une opération emblématique à plus d'un titre. En premier lieu, parce que le site était fermé depuis la fin des années 1980, malgré une situation exceptionnelle en centre-ville et un potentiel d'occupation de 6 000 m². En second lieu, parce que le bâtiment est localisé à la charnière du quartier Saint-Mathieu – site prioritaire de réhabilitation du centre-ville – et des quartiers ouest qui présentent un très fort potentiel de développement avec la construction de la future gare de la liaison TGV avec Barcelone.

Autant de raisons pour lesquelles la Caisse des Dépôts s'est engagée aux côtés de la ville dans un très important programme de réhabilitation du bâtiment. Celui-ci accueille désormais 4 511 m² de surface commerciale – avec de grandes enseignes comme la FNAC – et 1 200 m² de bureaux. L'opération a généré un effet d'entraînement, contribuant largement à la redynamisation et au changement complet d'image du quartier.

2. Après l'explosion d'AZF : la reconquête du quartier

Le gros œuvre de l'ancien immeuble du centre de distribution EDF-GDF avait résisté à l'explosion de l'usine d'AZF à Toulouse, le 21 septembre 2001. La réhabilitation du site et sa transformation en bureaux a constitué un élément fort de la reconquête du quartier. La Caisse des Dépôts constitue un groupement d'investisseurs, en partenariat avec la Caisse d'épargne de Midi-Pyrénées. En janvier 2005, la société civile immobilière (SCI) « 99, route d'Espagne » détenue à 35 % par la Caisse des Dépôts est créée. Un an suffit, aux côtés des deux opérateurs (Vinci Immobilier et Icade), à l'achèvement du chantier, à la commercialisation des quelque 9 000 m^2 disponibles et à l'installation de 37 entreprises sur ce site. Le montant total de l'investissement est de 13 M€.

2. **L'engagement dans les politiques de rénovation urbaine.** – Dans le cadre de la loi d'orientation et de programmation pour la ville, les pouvoirs publics ont engagé en 2003 un vaste programme de rénovation urbaine, avec pour principal instrument d'action et de financement l'Agence nationale pour la rénovation urbaine (ANRU).

L'expérience des dernières décennies a démontré l'importance que revêtent la réflexion globale en amont et les travaux de conception, de pilotage et de coordination dans la réussite de tels projets.

Au-delà des prêts sur fonds d'épargne qu'elle accorde pour la restructuration physique des quartiers en difficulté, la Caisse des Dépôts accompagne ainsi les programmes de l'ANRU par des subventions à l'ingénierie et à la conduite des projets. Conformément à la convention signée avec les ministères de l'Économie et de la Cohésion sociale, elle y consacre 550 M€, sur ses fonds propres, pour la période 2003-2008.

Elle participe par ailleurs, aux côtés des collectivités locales, à l'instruction des dossiers que celles-ci présentent aux instances nationales de l'ANRU, s'attachant en particulier à la qualité d'ingénierie des projets et à l'intégration d'un volet de développement économique dans chaque dossier.

Un exemple de rénovation urbaine : Corbeil-Essonnes

La convention de rénovation urbaine de Corbeil-Essonnes porte sur les quartiers d'habitat social de la Nacelle, Montconseil et des Tarterêts.

Les Tarterêts regroupent 2 500 logements sociaux. Afin de rompre l'urbanisme actuel, fait de tours et de barres, le programme de rénovation met en œuvre 663 démolitions et 749 réhabilitations de logements. De nombreux aménagements de voierie, la création de nouveaux espaces verts et la construction d'un centre commercial sont en outre programmés pour redynamiser le quartier. Le coût total de l'opération s'élève à 185 M€, dont 81 M€ financés en prêts sur fonds d'épargne par la Caisse des Dépôts, qui intervient également en subventions à l'ingénierie et à la conduite des projets.

Sur la Nacelle et Montconseil, l'objectif est de désenclaver, requalifier les équipements et les espaces publics afin de redonner vie à ces quartiers. Le coût total des opérations s'élève à 257 M€. La Caisse des Dépôts intervient à hauteur de 125 M€ de prêts sur fonds d'épargne et finance également l'ingénierie et la conduite du projet.

3. **Les partenariats public-privé.** – À la demande des pouvoirs publics, la Caisse des Dépôts a contribué à l'expérimentation des partenariats public-privé (PPP) en France, puis à leur lancement en 2004. Ce nouveau type de contrat, déjà très usité dans la plupart des pays européens, permet à une collectivité publique, à l'issue d'un appel d'offres, de confier à une entreprise, ou à un groupement, la mission globale de financer, concevoir, construire, maintenir et gérer un équipement ou un service

public. Le PPP conjugue ainsi l'apport des secteurs public et privé dans la réalisation des projets qui présentent un caractère de complexité pour la collectivité : renforcement de l'autonomie et rénovation des universités, externalisation d'immobilier public, hôpitaux, stades, infrastructures numériques haut débit, équipements de transport (route, rail, transports urbains)...

La Caisse des Dépôts est partie prenante, aux côtés de partenaires privés, investisseurs et opérateurs – parfois ses filiales Icade, Trandev ou Egis –, de nombre de groupements qui se portent candidats à des PPP. En 2007, elle a investi 71,5 M€ sur ses fonds propres dans ce type de contrat.

Le groupe Caisse des Dépôts investisseur et exploitant du tramway de Reims

Reims Métropole a confié en juillet 2006 à la Caisse des Dépôts, investisseur, et Transdev, exploitant, un contrat de concession de trente ans pour l'exploitation de son réseau actuel de bus et pour la construction et l'exploitation de la première ligne de son réseau de tramway.

La Caisse des Dépôts est associée, dans le cadre d'une société concessionnaire, à d'autres investisseurs privés – Alstom, Bouygues, Colas, Ixis CIB, la Caisse d'épargne Champagne-Ardennes – au sein du groupement Mobilité Agglomération rémoise (Mars), dont elle est le premier actionnaire, avec 27 % du capital. Transdev, avec 17 % du capital, s'engage pour sa part à moderniser le réseau de transport multimodal de la ville.

4. **Les filières des énergies propres et de la protection de l'environnement.** – D'une manière générale, l'ensemble des investissements d'intérêt général menés par la

Caisse des Dépôts sur les territoires répondent à des critères environnementaux et de développement durable. Cependant, en accompagnement des politiques publiques, la Caisse des Dépôts a décidé de s'investir plus particulièrement dans les filières des énergies non polluantes. Après une phase exploratoire, elle confirme sa montée en charge dans ce nouveau champ d'action, avec 12 M€ d'investissements en 2006, près de 30 M€ en 2007 et 50 M€ programmés pour 2008, en particulier dans les filières de l'éolien, de la biomasse, de la géothermie, de l'hydroélectricité, du photovoltaïque.

Un exemple : énergies renouvelables en Loire-Atlantique

La « SEM ENEE 44 » est dédiée aux projets d'énergies renouvelables en Loire-Atlantique. Son premier objectif est l'installation sur le département de quatre parcs éoliens de 12 MW chacun. La SEM s'intéresse également à d'autres domaines des énergies nouvelles et des économies d'énergie : énergie bois, valorisation des bio-déchets, bâtiments à basse consommation électrique, production d'énergie par la houle, etc.

Elle est dotée d'un capital de 5 M€, détenu à 80 % par le Conseil général, à 13,92 % par la Caisse des Dépôts, le solde (6,08 %) étant réparti entre trois banques locales, une association regroupant les chambres consulaires et Atlanbois (association pour le développement de la filière bois).

5. **Le développement numérique des territoires.** – Parce que le déploiement des technologies numériques constitue un enjeu pour l'attractivité et le développement économique des territoires, la Caisse des Dépôts

s'attache à en promouvoir la diffusion, partout en France. Elle investit dans des infrastructures internet haut débit portées par les collectivités locales, développe des services d'administration électronique et soutient la diffusion des usages des nouvelles technologies. En 2007, elle a consacré près de 40 M€ à ces actions.

En ce qui concerne le développement des infrastructures, la Caisse des Dépôts accompagne les collectivités locales en cofinançant les études de faisabilité et en investissant dans le capital des sociétés délégataires en charge du déploiement des réseaux, aux côtés d'opérateurs, équipementiers et gestionnaires de travaux publics. Les projets sont menés sous forme de délégations de service public (DSP) ou, de plus en plus souvent, dans le cadre de partenariats public-privé (PPP).

La Caisse des Dépôts est particulièrement présente dans les territoires où une rentabilisation rapide des investissements ne peut être attendue et où son intervention incite d'autres investisseurs à s'engager. À fin 2007, elle était partie prenante de 79 projets concernant plus de dix régions.

Dans le cadre du plan gouvernemental ADELE (ADministration ELEctronique) lancé en février 2004, l'Établissement développe par ailleurs des services numériques. L'objectif est double : rapprocher les citoyens de leurs administrations et participer à la modernisation du service public. Ainsi, la plate-forme « Service public local » permet aux collectivités de proposer de nombreux services sur leur site internet : guide local des droits et des démarches administratives, formulaires en ligne, annuaire cartographique des services de proximité... Le site « Mon service public » offre des services plus personnalisés autour de situations de vie, avec une première application pratique dédiée aux nouveaux arrivants dans une commune.

D'autres services sont à l'étude ou en phase d'expérimentation. C'est le cas des « espaces numériques de travail » ou ENT (bureaux virtuels dédiés aux élèves, aux professeurs et aux parents) avec près de 200 000 comptes déployés sur 63 collèges et 70 lycées. Elle a également lancé en 2007 la plate-forme « Mon enfant à l'école primaire » qui permet aux collectivités de mettre en ligne des informations administratives et des services pratiques pour les parents d'élèves.

L'État a par ailleurs confié, en 2000, à la Caisse des Dépôts la réalisation du programme Cyber-base. L'objectif de ce programme est de déployer des espaces publics numériques sur tout le territoire, pour favoriser le développement des usages d'Internet et des nouvelles technologies de l'information. 539 Cyber-bases sont aujourd'hui ouvertes, situées pour 44 % dans des quartiers en difficulté.

Constatant que 25 % des utilisateurs de ces espaces numériques recherchent un travail, le gouvernement a demandé à la Caisse des Dépôts d'équiper 50 des 300 maisons de l'emploi d'un plateau technologique dédié à la recherche d'emploi.

6. **L'économie mixte et les sociétés d'investissement local.** – Partenaire traditionnel de l'économie mixte, la Caisse des Dépôts accompagne les élus locaux dans le développement de leurs outils d'intervention. À fin 2007, elle est présente au capital de 556 de ces sociétés, pour un montant global de 632 M€.

Elle détient ainsi des participations dans 452 sociétés d'économie mixte – soit près de la moitié des SEM existantes – dédiées à l'aménagement, la gestion de services publics et l'immobilier résidentiel social. Elle est également actionnaire de 104 sociétés civiles immobilières ou sociétés anonymes d'intérêt général qui interviennent dans diverses activités de prestation de services ou d'immobilier d'activité.

XII. – Le soutien à la création d'emploi et à l'économie sociale

Dans un contexte où le taux de chômage reste élevé, en particulier dans les quartiers défavorisés, l'emploi est une des préoccupations majeures de nombre de collectivités locales. C'est pourquoi la Caisse des Dépôts est pleinement engagée dans les politiques nationales et locales de cohésion sociale en faveur de la création d'emplois. Son soutien porte en particulier sur la lutte contre l'exclusion bancaire, par la diffusion du microcrédit, et sur la création de petites ou très petites entreprises dans les territoires sensibles.

1. **Le Fonds de cohésion sociale.** – L'État a créé en 2005 le Fonds de cohésion sociale (FCS), qu'il a doté de 73 M€ de crédits budgétaires sur cinq ans, pour favoriser l'essor du microcrédit bancaire en France par l'octroi de garanties. Il en a confié la mise en place et la gestion à la Caisse des Dépôts. Cette mission constitue d'ailleurs une première pour elle. Elle gère ici des fonds publics, alors que toutes ses autres activités portent sur la gestion de fonds privés.

Le Fonds garantit trois types de financements : le microcrédit professionnel pour la création d'entreprises et l'activité des personnes en difficulté ; le microcrédit social, pour l'insertion de particuliers exclus du crédit bancaire ; le prêt Jeunes Avenir, pour financer les dépenses des jeunes entrant dans la vie active.

En 2007, le FCS a engagé 12,2 M€, mobilisant 12 réseaux associatifs nationaux et organismes parapublics (Secours catholique, Croix-Rouge, Restaurants du cœur, CCAS, Missions locales...) qui accueillent et pré-instruisent les dossiers des bénéficiaires, ainsi que 13 établissements de crédit agréés. Ces acteurs sociaux accompagnent le microcrédit sur 230 points du territoire.

2. **L'économie sociale et la création de très petites entreprises.** – La Caisse des Dépôts soutient et finance l'activité des entreprises solidaires, des entreprises d'insertion et des associations d'employeurs.

Elle apporte en premier lieu son concours aux dispositifs locaux d'accompagnement des associations créatrices d'emploi ainsi qu'aux opérateurs financiers de l'économie sociale dont elle est actionnaire : France active, Sogama-Crédit associatif et l'Institut de développement de l'économie sociale (IDES). En 2007, 7 000 structures ont été épaulées, assurant la pérennité de 103 000 emplois.

La Caisse des Dépôts soutient en outre les quatre grands réseaux nationaux de création et de reprise de très petites entreprises (TPE) : Adie, FIR, Entreprendre et le réseau des Boutiques de gestion. Elle y a consacré 5,4 M€ en 2007. Elle finance également, à hauteur de 25 %, les fonds de prêts d'honneur (prêts aux créateurs d'entreprise, à taux zéro et sans exigence de garantie) accordés par les associations locales affiliées à ces réseaux. Elle a ainsi accompagné en 2007, la création de petites ou très petites entreprises pour un montant de 13 M€.

3. **Le développement des entreprises en territoires sensibles.** – La Caisse des Dépôts accompagne aussi les collectivités territoriales dans la conception, la mise en œuvre et l'animation de leurs projets de développement économique dans les zones franches urbaines (ZFU) – aide à la création, à l'implantation et au développement d'entreprises – et contribue à leur financement.

XIII. – L'investisseur de long terme sur les marchés financiers

La vocation de l'Établissement est d'assurer non seulement la protection, mais aussi la rémunération des dépôts qui lui sont confiés. La première raison de ses investissements sur les marchés financiers est donc de faire fructifier ces fonds afin d'être en mesure de rémunérer les dépôts.

La seconde raison, comme on l'a vu plus haut, est de dégager chaque année un résultat qui lui permette de conforter sa solidité financière et d'assurer ses investissements d'intérêt général.

Sa politique de gestion consiste donc à trouver la combinaison la plus favorable de ce que l'on appelle le couple « rendement-risque » : assurer un rendement aussi élevé et régulier que possible tout en minimisant la prise de risque, et ce, dans les meilleures conditions de transparence et de liquidité. La Caisse des Dépôts, notée triple A, dont les atouts majeurs sont la fiabilité, la sécurité et la confiance, se doit d'être plus exigeante que quiconque en la matière. Outre un large portefeuille géré selon des critères essentiellement financiers, la Caisse des Dépôts détient des participations stratégiques dans des entreprises dont elle entend accompagner le développement, au premier rang desquelles les filiales de son groupe.

Les informations suivantes concernent les portefeuilles de la Caisse des Dépôts elle-même, c'est-à-dire les investissements qu'elle réalise sur ses fonds propres. Ils ne portent pas sur les portefeuilles détenus par les fonds dont la gestion lui est confiée – les fonds d'épargne (voir p. 64) ou le Fonds de réserve pour les retraites (voir p. 68), par exemple – qui font l'objet d'une comptabilité patrimoniale distincte et non consolidée.

Le total des investissements financiers de la Caisse des Dépôts s'élève à 50 Md€ à fin 2007, hors placements de trésorerie. Ce total se décompose en 13 Md€ environ détenus dans le capital de ses filiales et participations stratégiques et 37 Md€ d'actifs financiers, immobiliers et forestiers, parts de fonds de capital-investissement et participations non cotées.

La Caisse des Dépôts est en premier lieu un important investisseur sur le *marché obligataire*. Son portefeuille, constitué principalement de titres de taux européens bénéficiant d'une très grande qualité de signature, est séparé en deux catégories, correspondant chacune à des objectifs de gestion différents : un portefeuille d'investissement constitué dans une perspective de détention longue des titres jusqu'à leur maturité et un portefeuille de placement et de transaction dont l'horizon de gestion est à plus court terme.

Le portefeuille d'investissement s'élève à 16,6 Md€ au 31 décembre 2007, en augmentation d'environ 2 Md€ par rapport à l'année précédente. L'essentiel de ce portefeuille est constitué de titres à taux fixe ; toutefois, une part minoritaire est investie en obligations indexées sur l'inflation. Le portefeuille de placement et de transaction, hors placements de trésorerie, s'établit à 3,4 Md€ au 31 décembre 2007.

La Caisse des Dépôts est aussi le premier investisseur en actions de la Place de Paris. Elle est présente au capital de 250 sociétés, françaises pour la plupart, et le premier ou le deuxième actionnaire de 13 sociétés du CAC 40.

Son portefeuille d'actions cotées s'élève à 14,3 Md€ (au coût historique) et à 21 Md€ en valeur de marché, au 31 décembre 2007. Elle détient donc une position très importante mais qui doit être largement relativisée au regard du total de la capitalisation boursière de la Place de Paris, qui s'élève à environ 1 500 Md€.

Comme pour tous ses investissements sur les marchés financiers, la Caisse des Dépôts gère d'abord ses portefeuilles actions dans une optique de rentabilité, mais aussi dans une optique de long terme. Elle détient nombre de ses titres sur longue période – entre cinq et dix ans. Sur cet horizon de détention, la performance de ses portefeuilles se compare très avantageusement à celle des grands indices de place, comme le CAC 40.

Elle est ainsi un actionnaire non seulement exigeant sur le niveau de rentabilité de ses investissements, mais aussi un actionnaire patient et fidèle : pour se développer, les entreprises ont besoin de s'appuyer sur un actionnariat stable.

La Caisse des Dépôts a longtemps été un actionnaire peu actif dans la stratégie des entreprises dans lesquelles elle détenait une participation significative. Elle noue désormais des relations plus étroites avec ces sociétés, en exerçant systématiquement ses droits de vote en assemblée générale et en assumant pleinement son rôle dans les conseils des entreprises dont elle est administrateur (Accor, Dexia, Véolia Environnement, Schneider, Casino, Suez, Eiffage).

En outre, et sous la stricte réserve que ces investissements respectent ses intérêts patrimoniaux et que les règles de bonne gouvernance soient respectées, elle ne s'interdit pas de participer à des opérations structurantes en capital, le plus souvent avec d'autres partenaires, afin d'accompagner dans les meilleures conditions le développement d'une entreprise et, notamment, de favoriser le maintien de centres de décision en France.

Lorsque c'est le cas, elle intervient en investisseur avisé, au sens de la réglementation européenne, c'est-à-dire dans le respect du jeu normal de l'économie de marché et de la concurrence.

La Caisse des Dépôts
instrument du patriotisme économique ?

Répondant à cette question, Augustin de Romanet, son directeur général, déclarait, en mai 2007 : « Le patriotisme est une attitude morale d'attachement à sa Patrie. Qui peut être contre ? Dès lors que ce patriotisme vise à aider les entreprises à s'affirmer dans la mondialisation, il y a tout lieu de l'appeler de nos vœux.

« En revanche, nous refuserons toujours de nous associer à toute sorte de nationalisme économique.

Si une entreprise ne crée de richesse ni pour son personnel, ni pour ses actionnaires, ni pour la société, la Caisse des Dépôts ne prendra pas de participation à son capital. Il ne s'agit en aucun cas d'élever des digues, de protéger des managements incompétents ou de conforter des situations acquises qui empêchent l'adaptation ou qui la refusent.

« Je crois que l'on peut revendiquer le patriotisme économique, dès lors que l'on combat sa forme dévoyée qui est le nationalisme économique. Nous n'investirons l'argent des Français que dans une entreprise qui créera de la richesse et s'adaptera en permanence. »

La Caisse des Dépôts s'appuie, dans son activité d'investisseur sur les marchés, sur le corps de doctrine élaboré par le comité consultatif dont elle s'est dotée pour l'assister sur toutes les questions de gouvernance. Présidé par René Barbier de La Serre, ancien président du Conseil des marchés financiers, ce comité est composé de membres de la Commission de surveillance et de personnalités qualifiées et indépendantes.

La loi de modernisation de l'économie du 4 août 2008 a en outre institué, au sein de la Commission de surveillance, un Comité des investissements chargé d'examiner les opérations financières les plus significatives (voir p. 13).

– *Les investissements immobiliers et forestiers.* Au-delà des actifs qu'elle détient sur les marchés financiers, la Caisse des Dépôts possède également un *patrimoine immobilier de rapport,* géré dans un objectif de détention à long terme, dont la valeur comptable s'élevait, à fin 2007, à 2,2 Md€.

Elle est en outre le premier propriétaire privé de forêts en France, avec des actifs forestiers qui représentent, directement et indirectement, plus de 42 000 ha.

– *Les investissements en actifs non cotés.* La Caisse des Dépôts investit également dans des actifs non cotés et dans des fonds de capital-risque. Ce portefeuille, qui s'élève à 450 M€ en valeur bilan au 31 décembre 2007, est géré dans une optique de diversification et de placement à long terme.

XIV. – Le capital-investissement pour le développement des PME

Innovation et croissance sont des données fondamentales pour les entreprises dans une économie mondiale de plus en plus ouverte et compétitive. Les petites et moyennes entreprises ont un rôle majeur à jouer dans l'adaptation de l'économie française aux nouveaux enjeux mondiaux. Toutefois, pour croître, elles ont besoin de fonds propres.

La France n'a pas encore mis en place toute la palette des instruments nécessaires au financement de leur développement par les capitaux. L'industrie du capital-investissement a certes connu une dynamique importante au cours des dernières années, mais elle reste encore trop concentrée sur le segment des grandes opérations qui attirent majoritairement les investisseurs.

C'est pourquoi, dès 1994, la Caisse des Dépôts a initié, avec l'État, un premier programme triennal, PME Innovation, destiné à accompagner les entreprises moyennes, le plus souvent non cotées, dans toutes les phases de leur développement. Elle n'a pas cessé, depuis, de développer son engagement dans le secteur du capital-investissement. Son objectif est, là encore, de susciter un effet d'entraînement auprès d'autres acteurs financiers pour qu'ils investissent dans le capital des PME.

Intervenant majeur du capital-investissement en France, elle exerce cette activité au travers de deux sociétés de gestion distinctes, agréées par l'Autorité des marchés financiers (AMF) : CDC Entreprises, dédiée à l'intérêt général, et CDC Capital Investissement, au secteur concurrentiel.

> **Le métier du capital-investissement**
>
> Le capital-investissement (on utilise souvent l'expression anglo-saxonne *private equity*) peut intervenir à plusieurs étapes de la vie de l'entreprise : au moment de sa création pour le financement de l'innovation, notamment technologique, grâce à ce que l'on appelle le capital-risque ou capital-amorçage ; à l'occasion d'un projet de développement, grâce au capital-développement ; à l'occasion d'une acquisition, d'une transmission ou d'une cession, grâce au capital-transmission.

1. **CDC Entreprises.** – CDC Entreprises, dont le capital est entièrement détenu par la Caisse des Dépôts, est en charge de ses activités d'intérêt général dans le domaine du capital-investissement.

Elle a pour mission de développer les différents segments de ce marché afin de favoriser le financement des PME françaises, créatrices de valeur et d'emplois. Fin 2007, elle détenait un portefeuille de 50 entreprises directement financées et de plus de 2 500 financées par l'intermédiaire des 195 véhicules d'investissement dans lesquels elle avait investi. Elle gérait 2,5 Md€ d'actifs de capital-investissement, dont 2,1 Md€ pour le compte propre de la Caisse des Dépôts.

CDC Entreprises intervient aux niveaux national et régional, directement et indirectement, depuis l'amorçage technologique jusqu'aux petites transmissions. Ses investissements directs et indirects la conduisent à participer au capital des PME jusqu'à un montant unitaire maximum de 15 M€ par entreprise.

Dans chacun de ses investissements, elle s'attache à promouvoir des principes de développement durable et de transparence (lutte contre le blanchiment...).

Ses interventions indirectes passent par l'investissement dans des fonds de fonds et par la prise de participations minoritaires, aux côtés d'autres acteurs publics et privés, dans des organismes et des fonds de capital-investissement. Elle intervient également en direct dans les entreprises, en co-investissement avec des fonds de son portefeuille, par l'intermédiaire de Patrimoine et Création, un fonds sectoriel ouvert à des tiers, ou d'Avenir Entreprises, sa filiale commune avec OSEO.

La Caisse des Dépôts est, *via* CDC Entreprises, le pivot du dispositif public France Investissement, lancé fin 2006 pour développer le capital-investissement et favoriser la croissance des PME françaises. Dans ce cadre, il avait été prévu qu'elle consacrerait, au lieu de 150 M€ auparavant, 300 M€ en moyenne par an pendant six ans au renforcement des fonds propres des PME françaises de croissance, soit un total de 2 Md€ sur la période.

En septembre 2007, afin de répondre au souhait du président de la République, Nicolas Sarkozy, de voir la Caisse des Dépôts s'engager plus encore dans le développement des PME en forte croissance, les montants dédiés à son activité de co-investissement direct ont été portés de 100 M€ à 200 M€ par an, sur la période 2007-2009. Ce sont donc en moyenne 330 M€ qui seront investis sur cet axe.

2. **CDC Capital Investissement.** – CDC Capital Investissement, dont le capital est entièrement détenu par la Caisse des Dépôts, est en charge de ses activités concurrentielles dans le domaine du capital-investissement. Elle intervient ainsi dans une optique de rentabilité financière, mais avec pour objectif d'accompagner les entreprises dans la durée.

Elle gère des fonds communs de placement à risques (FCPR) qui interviennent en fonds propres dans des entreprises dont la valorisation s'étend de 30 M€ à 1 Md€ (dette incluse). Ses prises de participation sont en règle générale majoritaires. Elle investit dans des opérations de transmission d'entreprises, de recomposition de leur capital ou de cessions de filiales ou de branches par des grands groupes.

CDC Capital Investissement gère un encours total qui dépassait 1,8 Md€ à la fin 2007. Ses moyens d'intervention pour des opérations nouvelles ont été portés à 820 M€. C'est dans ce cadre qu'elle a investi 330 M€ en 2007.

Quelques exemples de prises de participation récentes :

- Agro Service 2000, spécialiste de la distribution de matériel agricole, qui a réalisé 29 M€ de chiffre d'affaires en 2007 ;
- Maisons Pierre, le 3e constructeur français de maisons individuelles : 127 M€ de chiffre d'affaires en 2007 ;
- Quick, leader de la restauration rapide en Belgique et 2e en France qui a réalisé 510 M€ de chiffre d'affaires en 2007 ;
- Carré Blanc, leader français de la distribution de linge de maison avec un chiffre d'affaires de 42 M€ en 2007.

XV. – 22 millions d'assurés, dont 14 millions en France : CNP Assurances

Depuis plus de cent cinquante ans, CNP Assurances a pour vocation de concevoir, fabriquer, distribuer et gérer des contrats d'assurance de personnes (par opposition aux contrats d'assurance dommages qui concernent les biens : l'assurance d'une voiture, l'assurance d'un domicile contre le vol, l'incendie, etc.). Elle a longtemps exercé son activité au sein même de la Caisse des Dépôts. Après diverses étapes d'évolution (voir p. 40), elle est, depuis 1992, une entreprise à part entière. En 2007, elle a opté pour le statut de société anonyme avec conseil d'administration. Ses liens avec la Caisse des Dépôts demeurent très forts : elle est son premier actionnaire ; près de 400 collaborateurs de l'Établissement public y travaillent, en position de détachement.

Cotée au 1er marché de la Bourse de Paris depuis octobre 1998, CNP Assurances s'appuie sur un actionnariat stable, concrétisé par la signature d'un pacte entre ses quatre grands actionnaires : la Caisse des Dépôts, 39,99 % ; le holding Sopassure (détenu à 50,1 % par La Banque postale et à 49,9 % par les Caisses d'épargne), 35,48 % ; l'État, 1,09 %. 23,44 % de son capital est détenu par le public.

CNP Assurances constitue une des solides valeurs de la Place de Paris : à fin 2007, le cours de l'action avait plus que triplé depuis l'introduction en Bourse, et sa capitalisation boursière s'élevait à près de 12 Md€. Au 1er février 2008, l'entreprise comptait 142 000 actionnaires individuels.

CNP Assurances assure 22 millions de personnes, dont 14 millions en France. Elle est, depuis 1991, le premier assureur de personnes en France, avec plus de 18 % de parts de marché et un chiffre d'affaires de 31,5 Md€ en 2007. Elle intervient sur les trois principaux segments de ce marché, qui représente, en France, plus de 151 Md€ en 2007 : l'épargne, la retraite et le risque-prévoyance.

Dans un contexte d'allongement de la durée de la vie et d'incertitudes sur les régimes traditionnels de protection sociale, la demande pour ces produits est en constante augmentation. Que ce soit pour épargner, par le biais de contrats d'assurance vie, pour préparer sa retraite ou pour se protéger contre les accidents de vie comme le chômage, l'incapacité, l'invalidité ou le décès, un nombre croissant de personnes fait appel à ce type de contrats.

CNP Assurances fonde sa stratégie de distribution sur le partenariat avec de grands établissements français. Les alliances qu'elle noue, souvent renforcées par des liens en capital, reposent sur la complémentarité des compétences entre son expertise d'assureur et les capacités de distribution de ses partenaires.

Pour distribuer ses produits d'assurance individuelle en France, CNP Assurances a instauré de longue date des liens avec La Poste et les Caisses d'Épargne qui la font bénéficier de la force de leurs 20 000 points de vente. Depuis 2004, elle dispose en outre de son propre réseau de conseillers en patrimoine : CNP Trésor.

En assurance collective, elle est partenaire de plus de 250 établissements financiers de toutes tailles, de nombre de grandes mutuelles, de 22 000 collectivités locales et d'un millier d'entreprises, au travers desquels elle distribue des produits de retraite et de risque-prévoyance dans le cadre de contrats groupe.

Elle s'attache aussi à anticiper les nouveaux besoins de la société, notamment dans les domaines de la dépendance, de la santé, et des services à la personne.

CNP Assurances mène une stratégie sélective de développement à l'international. Elle est présente en Italie, au Portugal, en Espagne, en Argentine, au Brésil et en Chine, avec plus de 8 millions d'assurés et 6 000 points de vente. Elle exerce en outre son activité, sous le régime de la libre prestation de services, en Belgique, République tchèque, Hongrie, Roumanie et Slovaquie. En 2007, elle a réalisé hors de France un chiffre d'affaires de 4,5 Md€, en croissance de près de 10 % sur un an.

En novembre 2007, l'agence de notation Standard & Poor's a confirmé la notation AA attribuée à CNP Assurances pour sa solidité financière. L'entreprise a dégagé un résultat net courant de 1,12 Md€ (hors plus-values) en 2007, en hausse de 20 % à données comparables par rapport à 2006. À fin 2007, les encours correspondant aux montants des contrats souscrits par ses clients atteignaient 235,5 Md€.

XVI. – **Premier bailleur français, avec près de 262 000 logements : le groupe SNI**

La Société nationale immobilière (SNI) est, depuis 2004, une filiale à 100 % de la Caisse des Dépôts. La gestion de logements intermédiaires est le métier d'origine de la SNI qui est, depuis plus de cinquante ans, le bailleur des grands réservataires publics, tels que le ministère de la Défense, mais aussi ceux de la Justice, de la Santé et de l'Éducation, pour le logement de leurs collaborateurs.

Son périmètre d'activité s'est très fortement développé au cours des dernières années. Tout d'abord, les 13 entreprises sociales pour l'habitat (ESH) de l'ex-SCIC Habitat ont rejoint la SNI en 2005 dans le cadre de la réorganisation, par la Caisse des Dépôts, de son pôle d'opérateur immobilier. Toutes les activités à vocation d'intérêt général ont été regroupées dans la SNI et toutes les activités concurrentielles dans Icade. À la même date, la SCET a également rejoint le groupe SNI pour former le pôle de services à l'économie mixte.

En outre, dans le cadre des contreparties industrielles obtenues à l'occasion de la sortie de la Caisse des Dépôts du capital de la Caisse nationale des Caisses d'Épargne (CNCE), la SNI a pris le contrôle en 2006 du groupe Efidis (Efidis, Sageco, Valestis) et de la Sagi. En 2006 également, elle a repris les 28 % du capital du gestionnaire de foyers Adoma (ex-Sonacotra), auparavant détenus par la Caisse des Dépôts.

Le groupe SNI est aujourd'hui le premier bailleur français, avec près de 262 000 logements loués, et le premier bailleur francilien avec un patrimoine de 112 000 logements. En 2007, il a réalisé, toutes activités confondues, un total de produits de 1,136 Md€, contre 851 M€ en 2006 et un résultat net (en normes IFRS) de 112 M€ contre 108 M€ en 2006.

Le groupe SNI est présent sur l'intégralité de l'offre locative : du logement très social au locatif libre ; du foyer d'urgence aux résidences pour étudiants ou handicapés ; des groupes de logements avec services pour personnes âgées *papyloft* aux casernes de gendarmes ou de pompiers ; du locatif aidé au logement intermédiaire. Depuis 2007, il est également engagé dans le développement de solutions sécurisées pour l'accession sociale à la propriété des familles très modestes.

– **179 000 logements sociaux.** Dans le secteur du logement social (ou logement HLM), le groupe SNI couvre tout le territoire national, avec 12 ESH en province et 4 en Île-de-France, dont le patrimoine approche les 179 000 logements, parmi lesquels plus de 97 000 en région parisienne.

Fortement implantées sur leurs territoires respectifs, ces entreprises s'attachent à répondre à un double impératif : maintenir des loyers modestes tout en investissant dans la qualité du parc locatif. Elles poursuivent, à un rythme accéléré, les opérations de réhabilitation et d'amélioration du cadre de vie et du confort des habitants, pour lesquelles près de 100 M€ ont été investis en 2007. Elles sont en outre des acteurs engagés de la politique de relance de la construction de logements sociaux, avec la mise en chantier de 3 500 nouveaux logements chaque année.

En partenariat étroit avec les collectivités territoriales et les autres acteurs des politiques locales de l'habitat, les ESH du groupe SNI s'investissent aussi fortement dans les programmes de rénovation urbaine. Ainsi, par exemple, 30 % du patrimoine d'Osica (ex-SCIC Habitat Île-de-France) est concerné par un projet ANRU. Au total sont engagées : 2 856 démolitions, 2 873 reconstructions et 10 427 réhabilitations.

Par ailleurs, le groupe SNI et le Crédit immobilier de France ont créé début 2007 une filiale commune, la Société nationale d'accession à la propriété (SNAP), dont l'objectif est de produire 2 000 logements par an, destinés à l'accession aidée pour les ménages les plus modestes. Pour leur rendre l'achat plus facile, elle permet aux accédants de n'acheter dans un premier temps que le logement lui-même puis, lorsqu'ils ont terminé de le payer, d'acquérir le foncier. Parallèlement, et afin d'optimiser les coûts de construction tout en promouvant les meilleures normes de qualité, la SNI a lancé un appel d'offres auprès de diverses filières techniques pour la production industrialisée de 1 500 logements.

– **79 173 logements intermédiaires.** Le secteur du logement intermédiaire (c'est-à-dire dont les loyers sont supérieurs à ceux du parc HLM mais inférieurs à ceux du marché) est destiné aux ménages à revenus moyens qui n'ont pas droit aux logements sociaux mais ont de plus en plus de mal à se loger dans le parc privé en raison de la forte croissance des loyers. Son développement constitue donc un enjeu important de diversification de l'habitat et de restauration des parcours résidentiels.

La SNI gère un parc de 79 173 logements intermédiaires, dont 80 % des locataires sont issus du secteur public et, pour moitié de ceux-ci, du ministère de la Défense. En complément, et *via* la SCI des Régions, une filiale commune créée en 2005 avec la Caisse des Dépôts, la SNI contribue à réduire le déficit de logements intermédiaires en France. Son objectif est de construire 1 000 logements par an.

– **Les services à l'économie mixte.** Au travers de la SCET, le groupe SNI est par ailleurs un prestataire d'expertise et de conseil (gestion administrative et financière, expertises techniques, fiscalité, droit...). La SCET assure également l'animation d'un réseau de 220 SEM. Le groupe dispose ainsi d'un fort ancrage local qui lui permet d'accompagner les élus dans leurs opérations d'aménagement.

– **Les externalisations de patrimoines publics.** Le groupe SNI développe son intervention dans le domaine des externalisations de patrimoine public en répondant ainsi aux besoins de modernisation de la gestion publique de l'État, des collectivités locales et des établissements publics. Cette activité, assise sur une expérience ancienne de reprise d'équipements dédiés à la sécurité des territoires, recouvre aujourd'hui des secteurs diversifiés : la reprise en gestion à long terme ou la construction neuve de parcs départementaux de gendarmerie ou de centres d'incendie et de secours, la reprise de résidences universitaires, la reprise ou la construction d'autres bâtiments publics, comme par exemple des trésoreries.

Afin de poursuivre le développement de cette activité émergente, le groupe SNI a constitué, avec la Caisse des Dépôts et Dexia, une filiale dédiée à la reprise, au portage et à la gestion de tous types d'immeubles publics, Exterimmo, dont il assure le management.

– **Le développement durable.** Le groupe SNI a mis en place en 2007, avec le Centre scientifique et technique du bâtiment (CSTB), un système de cotation de son parc qui permet de mesurer l'impact environnemental des logements construits et réhabilités. L'objectif est, notamment, la division par quatre des émissions de gaz à effet de serre à l'horizon 2050. Cet objectif se décline en étapes intermédiaires, telles que la réhabilitation du parc le plus énergivore du groupe (5 000 logements par an) d'ici 2010, ou la diminution de 20 % de la consommation d'énergie primaire pour l'ensemble du parc d'ici 2020. Ce dernier engagement induira un surcoût de travaux sur le parc existant d'environ 500 M€ et de 180 M€ pour les constructions neuves.

XVII. – **Icade, un acteur complet du marché de l'immobilier**

Icade est, depuis la réorganisation de son pôle immobilier en 2005, l'opérateur de la Caisse des Dépôts dans le domaine concurrentiel. C'est pour conforter ses moyens de développement, avec pour objectif de la positionner parmi les principaux intervenants en France, que la Caisse des Dépôts a décidé d'introduire Icade à la Bourse de Paris en avril 2006. La Caisse des Dépôts est aujourd'hui, avec 61,7 % du capital, son actionnaire stratégique. Icade a par ailleurs opté en 2007 pour le statut de société immobilière d'investissement cotée (SIIC).

Avec ses 3 618 collaborateurs, Icade exerce trois des principales activités du marché de l'immobilier : celle de foncière, celle de promoteur et celle de prestataire de services. Elle a réalisé en 2007 un résultat net (part du groupe, hors *exit tax*) de 266 M€, en hausse de 26 %. Son chiffre d'affaires, en progression de 12 %, à 1 482 M€, portait à hauteur de 66 % sur l'activité de promotion, 24 % sur l'activité foncière et 16 % sur l'activité de services. À fin 2007, la valeur de son patrimoine s'élevait à 6 231 M€, en hausse de + 42 %.

– **Le métier de foncière.** Par sa capitalisation, Icade compte parmi les quatre plus grandes foncières françaises cotées. Elle a réalisé un chiffre d'affaires de 358 M€ en 2007 sur ce métier. Icade détient en France un patrimoine de bureaux, estimé à 1 363 M€, de 232 000 m^2 louables, principalement à Paris, dans le quartier central des affaires, à La Défense, à Boulogne-Billancourt et à Issy-les-Moulineaux.

En Allemagne, elle exploite un portefeuille de bureaux, estimé à 386 M€, composé de 8 ensembles immobiliers tertiaires rachetés à Daimler-Chrysler (149 000 m^2) et de 76 ha de réserves foncières, notamment à Munich.

Elle développe également trois centres commerciaux en France, à Aubervilliers, Montpellier et Toulouse, sur 110 000 m^2 au total. Début 2008, elle est en outre devenue propriétaire de 95 % du capital de la société immobilière Mr. Bricolage, qui possède 151 000 m^2 de surfaces commerciales.

Icade possède, développe et gère par ailleurs un important parc d'activités tertiaires dans le Nord-Est parisien (19e arrondissement, Saint-Denis et Aubervilliers). D'une superficie totale de 76 ha de terrain et 448 547 m² de surface bâtie louable, ce patrimoine, évalué à 1 503 M€, est composé de bureaux, locaux d'activités, entrepôts, studios de production audiovisuelle.

En matière d'équipements, le portefeuille d'Icade, estimé à 308 M€, est composé d'un immeuble de 30 000 m² à Levallois-Perret (92), loué au ministère de l'Intérieur, et de 5 cliniques en province (82 000 m²). Elle détient, directement ou indirectement, des immeubles loués à des utilisateurs publics (ministères, collectivités territoriales, centres hospitaliers, centres de recherche), soit en pleine propriété, soit par le biais de participations dans les sociétés de projets titulaires de contrats de partenariats public-privé. Icade entend développer ce rôle d'externalisation de patrimoines publics.

Icade possède également un patrimoine de quelque 41 000 logements intermédiaires en Île-de-France, estimé à 2 582 M€. Ces logements sont loués dans le cadre de baux de droit commun (76 %) et de baux conventionnés (24 %).

– **Le métier de promoteur.** Dans le domaine de la promotion sur le marché du logement, Icade a enregistré en 2007 un chiffre d'affaires de 642 M€ : 4 551 promesses de vente ont été signées et son carnet de commandes atteignait 673 M€ en fin d'année. Son portefeuille foncier est estimé à 2 321 M€.

Sur les activités de la promotion tertiaire, Icade enregistre un chiffre d'affaires de 155 M€ en 2007. Son portefeuille de projets est estimé à 180 152 m² en cours de réalisation et à 434 576 m² en cours de montage.

En ce qui concerne la promotion d'équipements publics (santé, éducation, culture...), son chiffre d'affaires 2007 a atteint 178 M€. Le portefeuille de projets d'Icade représente, à la fin de la même année, 218 668 m² en cours de réalisation et 158 106 m² en cours de montage. Icade développe des opérations – souvent dans le cadre de partenariats public-privé – pour l'État et les collectivités locales, ainsi que pour des intervenants et des investisseurs privés.

Elle est également présente dans des projets de valorisation foncière. Ses interventions dans les projets d'aménagement urbain relèvent de trois domaines de compétence : acquisition directe et aménagement de terrains, pilotage opérationnel, missions de conseil.

Icade assure en outre des missions d'ingénierie générale et d'économie de la construction pour tous les types de projets immobiliers. Elle est un acteur de référence dans l'optimisation de la conception et de l'exploitation des immeubles, la maîtrise des coûts et des délais, depuis la phase amont de réflexion sur l'investissement jusqu'à la livraison et la mise en service de l'ouvrage.

– **Le métier de prestataire de services.** Icade, avec une palette de prestations diversifiée et complète, en France et à l'international, a réalisé en 2007 un chiffre d'affaires de 238 M€ sur le métier des services immobiliers.

En tant qu'administrateur de biens, elle gère à ce jour plus de 157 000 logements en France et 12 000 en Espagne pour lesquels elle propose une large gamme de services : gérance, syndic de copropriétés, transaction... tant pour les propriétaires particuliers que pour les investisseurs institutionnels.

Elle gère, exploite et commercialise en outre 6 400 logements, nus ou meublés, dans 45 résidences avec services pour les étudiants et les personnes en mobilité professionnelle. En Espagne, Icade est le leader des résidences universitaires, avec 5 500 logements.

Icade bénéficie par ailleurs d'une expérience reconnue sur le marché du *Property & Facility Management,* c'est-à-dire la gestion et l'exploitation d'immeubles tertiaires, ainsi que la transaction et les services aux entreprises. Au total, les immeubles qu'elle gère en France et en Italie représentent près de 10 millions de mètres carrés en bureaux, équipements publics, plates-formes logistiques, parcs d'activités, grands sites et ensembles immobiliers complexes.

Icade propose aussi une activité de conseil et d'expertise en immobilier. Elle accompagne les acteurs immobiliers depuis la réflexion stratégique jusqu'à la mise en œuvre opérationnelle des solutions retenues : conseil stratégique, externalisation et financiarisation, expertise immobilière, arbitrage et investissements, direction immobilière déléguée...

– **Protection et valorisation de l'environnement.** Dans le développement de ses programmes immobiliers, Icade porte une attention particulière à la conception architecturale, à l'intégration dans les sites et le paysage. Elle s'engage dans la sécurité et la qualité des réalisations, l'utilisation de matériaux durables et l'optimisation de la consommation énergétique.

XVIII. – Les déplacements de 1,2 milliard de passagers par an : Transdev

Parce que la mobilité constitue un élément essentiel de l'aménagement d'un territoire et de son développement économique, la Caisse des Dépôts accompagne de longue date les collectivités locales dans l'élaboration et l'exploitation de leurs réseaux de transport.

En 1990, afin de réunir les expertises auparavant dispersées, elle a décidé de regrouper, au sein du groupe Transdev, l'ensemble de ses activités de transports collectifs. Cette filiale, dont la Caisse des Dépôts est l'actionnaire stratégique avec 70 % du capital, connaît depuis sa création une croissance constante et forte. Son développement passe, d'une part, par des appels d'offres remportés auprès de collectivités locales, pour la création, l'extension ou la reprise d'un réseau, et, d'autre part, par des formes variées de partenariat avec les collectivités locales ou des opérations de croissance externe.

Transdev est aujourd'hui l'un des leaders européens du transport de voyageurs et le numéro un mondial de l'exploitation de tramways. Avec ses 41 000 collaborateurs, le groupe assure les déplacements de 1,2 milliard de passagers par an, en Allemagne, en Australie, au Canada, en Espagne, en France, en Grande-Bretagne, en Italie, aux Pays-Bas et au Portugal.

En 2007, Transdev a réalisé un chiffre d'affaires consolidé de 1,4 Md€, en progression de 39 % par rapport à 2006. Son résultat net (part du groupe) s'est établi à 31,1 M€, en croissance de 25 % sur un an.

En juillet 2007, Transdev a remporté l'appel d'offres lancé par l'État néerlandais pour la privatisation de la société Connexxion, opérateur de transports de voyageurs qui couvre 50 % du marché des transports publics aux Pays-Bas. En gérant un chiffre d'affaires de 3,3 Md€ en année pleine, fin 2008, Transdev se place, grâce à cette opération, au 4e rang des opérateurs privés de transports publics en Europe.

– **Répondre à la diversité des besoins de transports publics locaux.** Transports urbains et interurbains, services aéroportuaires, transports scolaires et touristiques, dessertes des stations de montagne... : Transdev développe des modes de déplacement innovants. Il gère un parc de plus de 20 000 véhicules : 30 trains, 90 métros, 1 000 tramways, 15 000 autobus et autocars, 40 navettes fluviales et 4 000 véhicules de transport à la demande.

En filiale ou comme actionnaire privé de SEM, il est le partenaire des collectivités locales pour l'exploitation et la gestion des déplacements dans des grandes métropoles, comme Gênes, Londres, Melbourne, Porto, ou encore dans des zones péri-urbaines très denses comme l'est de l'Île-de-France.

Il est également partenaire des collectivités locales pour les réseaux de grandes villes, comme Grenoble, Montpellier, Orléans, Strasbourg et Reims. Il est aussi présent dans des communes de quelque 10 000 habitants, pour assurer les transports quotidiens interurbains, ruraux et scolaires, sans lesquels ces communes seraient enclavées.

Il est ainsi le gestionnaire d'entreprises de transports qui comptent de quelques salariés à plus de 2 000 collaborateurs.

De l'exploitation d'une navette en milieu rural au management de grands projets de transport pour une mégapole, en passant par la gestion des déplacements dans les villes moyennes, Transdev illustre ainsi sa volonté de répondre à la totalité des besoins en matière de transports publics locaux.

Transdev est par ailleurs présent sur des marchés très spécifiques. *Via* sa filiale Visual, il est le premier opérateur de tourisme haut de gamme sur Paris et l'Île-de-France. Il assure des dessertes entre les aéroports franciliens et le parc d'attractions Eurodisney. Il est également l'opérateur des dessertes d'une vingtaine de stations d'altitude : Chamonix, Courchevel, Les Arcs... Enfin, il gère des grandes lignes express et internationales au Portugal.

– **Le partenariat entre autorité organisatrice et entreprise de transport.** Transdev fait du partenariat un axe majeur de son activité. Il le développe avec les collectivités locales depuis de longues années en France, dans le cadre des sociétés d'économie mixte.

Une autre forme de l'économie mixte, le partenariat public-privé (PPP), rencontre aujourd'hui les attentes d'un nombre croissant d'élus, partout dans le monde. En premier lieu parce qu'elle permet d'allier logique politique et logique d'entreprise. En second lieu, parce qu'elle entraîne une dynamique qui repose à la fois sur la coresponsabilité et sur la convergence de vue entre les partenaires.

À l'écoute des autorités organisatrices de transports, Transdev propose des solutions innovantes pour la conduite d'un grand projet, la prise en charge de l'exploitation, ou l'amélioration d'un réseau existant.

Au-delà de son métier d'opérateur, Transdev, *via* sa filiale Transamo, assure ainsi, dans le cadre de contrats d'assistance à maîtrise d'ouvrage conclus avec des collectivités territoriales, la réalisation de grands projets de transport : tramway, métro automatique, métro léger, Busway®, bus en site propre labellisé Transdev. Le groupe décline pour le bus les recettes qui ont fait le succès du tramway : accessibilité pour tous, fréquence élevée, aménagement des stations, démarche de qualité.

– **Innovation, respect de l'environnement et engagement social.** Transdev s'attache à la définition de l'offre et des tarifs, à la qualité de l'accueil et de l'information du public, à l'accessibilité de ses véhicules et à la sécurité de ses réseaux.

Il s'appuie également sur les nouvelles technologies de l'information et de la communication pour enrichir son offre. Anticipant le développement des réseaux multimodaux, il innove en matière de coordination des transports, de billettique, et d'information en temps réel.

Adhérent au Pacte mondial des Nations Unies, Transdev s'engage pour le développement d'un transport responsable. Depuis 1998, il met notamment en œuvre un programme de réduction de ses émissions polluantes. Aujourd'hui, près de la moitié de son parc est constituée de véhicules propres, utilisant l'électricité, le gaz ou des énergies renouvelables. Par ailleurs, Transdev développe la démarche initiée avec sa filiale australienne, en multipliant le nombre de ses dépôts « verts », où les véhicules sont nettoyés grâce aux réserves d'eau de pluie recueillies dans des citernes.

Le groupe est ancré dans la réalité sociale des territoires où il opère. *Via* la Fondation Transdev, il s'attache, par sa politique de recrutement et de formation, à participer au développement de l'emploi dans les quartiers qu'il dessert, en particulier les plus en difficulté.

XIX. – **Développement des infrastructures et aménagement des territoires : Egis**

Egis est né du regroupement, en 1998, par la Caisse des Dépôts, de toutes ses activités d'ingénierie, ainsi que celles de montage et d'exploitation de projets autoroutiers et aéroportuaires. L'objectif était de fédérer les expertises d'ingénierie, reconnues mais auparavant dispersées dans diverses filiales, pour construire un pôle cohérent, apte à répondre aux besoins de ses donneurs d'ordres et, au premier rang d'entre eux, les collectivités locales.

Dix ans plus tard, Egis, dont la Caisse des Dépôts est actionnaire à 100 %, figure parmi les premiers groupes européens d'ingénierie, avec un chiffre d'affaires de 449,5 M€ en 2007 et un résultat net de 12,2 M€. Présent dans plus de 80 pays, il réalise près de la moitié de son chiffre d'affaires hors de France.

Avec ses 6 300 collaborateurs dont 3 750 dans l'ingénierie, Egis investit tant dans l'ingénierie de proximité que dans la gestion de grands projets complexes. Il intervient à tout moment de la vie d'un projet : conseil, études, montage – notamment en partenariat public-privé – maîtrise d'œuvre, contrôle des travaux, exploitation sur la longue durée...

Egis cible, en priorité, cinq secteurs d'activité :

– **L'ingénierie de la route.** L'ingénierie routière est le métier historique du groupe qui a réalisé la maîtrise d'œuvre de la quasi-totalité du réseau autoroutier français. Nouveaux tronçons ou élargissements, ouvrages d'art, automatisation des péages... Egis est toujours un intervenant majeur de ce marché, en France et à l'international, et a réalisé 36 % de son chiffre d'affaires en 2007 dans le domaine routier. En 2007, il a remporté le contrôle des travaux de la partie occidentale de l'autoroute Est-Ouest en Algérie.

– **L'ingénierie du rail.** Egis propose toutes les compétences d'ingénierie dans les domaines des transports urbains en site propre (tramways, métros) et des transports ferroviaires, les lignes à grande vitesse notamment. Il a réalisé 15 % de son chiffre d'affaires en 2007 sur ces marchés.

En 2007, Egis a, notamment, remporté la maîtrise d'œuvre du tram de Rabat, au Maroc et, en France, celle du tram de Dijon. Plusieurs lignes de tramway conçues par Egis ont été mises en service : Marseille, Valenciennes, Grenoble et Le Mans.

– **L'ingénierie de l'eau.** Egis a réalisé, en 2007, 9 % de son chiffre d'affaires dans les domaines de l'eau, des ports et des voies navigables. Les potentialités sont considérables dans ce secteur.

Réalisation récente d'Egis, Espada est un système de prévention des risques d'inondation. Conçu pour la ville de Nîmes, il utilise les données météorologiques dans une simulation mathématique. En cas de dépassement des capacités d'écoulement du réseau pluvial, l'alerte est donnée automatiquement pour prévenir le danger.

– **L'ingénierie de l'aménagement.** Egis, qui a réalisé 6 % de son chiffre d'affaires 2007 dans l'aménagement urbain, rassemble toutes les spécialités d'ingénierie compétentes pour l'aménagement d'un territoire urbain : l'ingénierie des infrastructures (aménagement d'espaces, routes, ouvrages d'art, génie civil, éclairage...), l'urbanisme, le paysage.

– **L'ingénierie aéroportuaire et du transport aérien.** Egis est présent dans le métier de l'ingénierie aéroportuaire, où il a réalisé 9 % de son chiffre d'affaires en 2007. Son ambition est de devenir un acteur significatif de ce marché en pleine expansion. La croissance annuelle du secteur devrait être de l'ordre de 5 % dans l'Union européenne et de plus de 10 % en Europe centrale et en Asie dans les dix ans qui viennent. Egis réunit les compétences de l'ingénierie aéroportuaire, du transport aérien et de la gestion du trafic aérien (recherche et développement en matière de contrôle aérien, assistance au contrôle de navigabilité, systèmes d'information aéronautique...).

Pour compléter l'activité du groupe sur ces cinq grands marchés, Egis propose également toutes les compétences de l'ingénierie de spécialités : tunnels, géotechnique, environnement, ouvrages d'art, ingénierie du trafic et des systèmes d'exploitation pour le déplacement des personnes et des biens, conseil en direction de projets.

À l'international, Egis est présent dans les pays ciblés pour leur potentiel de développement : Espagne, Pologne, Roumanie, Inde, Algérie, Maroc, Cameroun, Algérie... Par ailleurs, il intervient sur les grands projets de développement financés par les institutions internationales.

Enfin, le groupe développe et réalise des projets de concession et de partenariats public-privé (PPP) de routes, autoroutes et infrastructures de transport et exploite des ouvrages routiers, autoroutiers et aéroportuaires. Le groupe, qui gère 950 km d'autoroutes réparties en Europe et en Asie-Pacifique, a remporté en 2007 des concessions autoroutières en Allemagne et en Autriche, et participe au consortium en charge de la concession des aéroports de Larnaka et Paphos, à Chypre.

XX. – **L'industrie des loisirs pour le développement territorial : la CDA**

À la fin des années 1980, la montagne française connaît une crise importante. Le développement des sports d'hiver, s'il est un atout majeur pour ces territoires en termes d'économie et d'emploi, nécessite des investissements extrêmement lourds. Nombre de communes sont surendettées. La Caisse des Dépôts décide de s'engager à leurs côtés : en 1989, elle crée la Compagnie des Alpes (CDA).

En quinze ans, la CDA va acquérir successivement le contrôle des sociétés d'exploitation de domaines skiables de quelques-unes des plus prestigieuses stations françaises : Tignes, Les Arcs, La Plagne, Peisey-Vallandry, Les Menuires, Les Grands Montets (Chamonix)...

Afin d'assurer la poursuite du développement de sa filiale, la Caisse des Dépôts ouvre son capital en 1994 : la CDA est introduite au second marché de la Bourse de Paris. Elle peut ainsi associer d'autres partenaires à la structuration du marché des sports d'hiver.

Elle poursuit alors une politique active de croissance externe. Elle entre au capital de nouvelles stations en France : Méribel (1994), Grand Massif (1996), Serre-Chevalier (2004) et, en 2007, Val-d'Isère. Elle s'implante également à l'étranger : en Italie, à Courmayeur, dès la fin 1996, puis en Suisse entre 2000 et 2004 avec des prises de participation à Verbier, et Saas Fee. La CDA, présente sur 17 sites, est aujourd'hui le leader mondial de l'exploitation de domaines skiables.

Mais la saisonnalité de l'activité de sports d'hiver est très forte : 95 % du chiffre d'affaires est réalisé entre le 20 décembre et le 1er mai. Afin de mieux l'équilibrer sur l'ensemble de l'année, la Compagnie décide de se diversifier dans un autre segment du marché : l'exploitation de parcs de loisirs, dont la saisonnalité, d'avril à octobre, est totalement complémentaire. Là encore, l'objectif est de renforcer leur attractivité et ainsi de contribuer au développement des territoires dans lesquelles elle investit.

En juin 2002, elle lance une OPA amicale sur le groupe Grévin & Cie, dont elle prend le contrôle à 100 % et poursuit ensuite ses acquisitions. Elle exploite aujourd'hui 21 parcs en France et en Europe, parmi lesquels : le parc Astérix, le musée Grévin, les aquariums de Saint-Malo et du Val-de-Loire, Planète sauvage, la Mer de sable, le Bioscope, les parcs Walibi de Rhône-Alpes, d'Aquitaine, de Belgique et des Pays-Bas, un Delphinarium aux Pays-Bas, un Aquaparc en Suisse, et des parcs en Grande-Bretagne et en Allemagne. Elle se place au rang de 3e opérateur européen du secteur.

Dès 2007, la CDA a atteint son objectif de quasi-équilibre entre ses deux métiers : les domaines skiables représentent environ 55 %, et les parcs de loisirs 45 %, de son chiffre d'affaires consolidé qui s'est élevé à 506 M€ en 2007. Elle a dégagé un résultat net (part du groupe) de 28,1 M€ en 2007.

Ses 4 115 collaborateurs (équivalents temps plein), dont 38 % de permanents et 62 % de saisonniers, ont accueilli près de 24 millions de visiteurs en 2007, sur les 35 sites dont elle est l'opérateur. Avec environ 40 % du capital de la Compagnie des Alpes, la Caisse des Dépôts est ainsi l'actionnaire stratégique du leader européen de la production de loisirs « actifs ».

– **Le métier d'exploitant de domaine skiable.** Les sociétés d'exploitation qui composent le groupe CDA aménagent, équipent, entretiennent et exploitent des domaines skiables. Cela signifie qu'elles prennent en charge l'organisation de la montée (remontées mécaniques), de la descente (entretien des pistes, damage, enneigement de culture...) et de l'accueil (caisses, files d'attentes...).

Leur activité peut s'inscrire dans deux cadres juridiques : la délégation de service public de longue durée, comme c'est le cas en France ; la pleine propriété des installations et la location à long terme, comme en Italie et en Suisse.

Bien que ne formant qu'un des maillons de la chaîne de valeur des vacances aux sports d'hiver, la qualité des domaines skiables est le principal moteur de la fidélité des clients à une station. Quant au développement, il passe par des investissements qui nécessitent des capitaux importants : il faut en moyenne immobiliser 2,5 € d'actifs pour réaliser 1 € de chiffre d'affaires. La Compagnie des Alpes gère les domaines skiables en opérateur industriel capable, grâce à sa taille, de porter les risques inhérents à cette activité et de créer les conditions d'une exploitation rentable.

Elle a choisi pour cela d'être présente seulement dans des stations européennes de grande dimension, bénéficiant d'une forte notoriété et disposant de capacités d'hébergement supérieures à 25 000 lits. Tous ses domaines sont situés en haute altitude, ce qui leur permet d'être moins affectés par les saisons de faible enneigement. Au-delà de son importante mise de fonds initiale, la CDA poursuit dans ses stations une politique active d'investissement (en moyenne 20 % du chiffre d'affaires) dans l'amélioration et le renouvellement des installations, dans l'enneigement de culture et l'amélioration des pistes.

– **Le métier d'opérateur de parcs de loisirs.** Dans cette activité, la Compagnie des Alpes propose trois grands types de parcs dans six pays d'Europe : les parcs à thème, les parcs consacrés à la nature et aux animaux et les attractions touristiques. Chacun de ses 21 sites offre des divertissements différents les uns des autres, possède et cultive une personnalité fortement ancrée dans la culture et l'environnement de sa région d'implantation.

Le succès d'un parc de loisirs dépend principalement de la qualité de ses divertissements, attractions et spectacles, et de leur renouvellement régulier. D'importants investissements de maintenance et de renouvellement sont donc nécessaires pour préserver la qualité des sites, continuer d'attirer le public et le faire revenir. La CDA y consacre chaque année environ 15 % du chiffre d'affaires qu'elle réalise sur ce segment du marché.

– **Une activité respectueuse de l'environnement.** La Compagnie des Alpes exerce ses activités dans le souci constant du respect de l'environnement. Elle s'efforce en particulier de diminuer sa consommation d'énergie (– 3 % d'électricité en 2007) et d'eau (– 13 % en 2007). En ce qui concerne les impacts visuels, elle supprime chaque année plus d'appareils qu'elle n'en réinstalle : en deux ans, 11 remontées et près de 100 pylônes ont ainsi disparu du paysage de ses domaines skiables. Son objectif est, en 2008, que la totalité des domaines skiables français et italiens qu'elle exploite soient certifiés en matière de qualité, sécurité et environnement.

XXI. – Belambra VVF : le n° 1 des clubs de vacances en France

Près de cinquante ans après sa création (voir p. 33), VVF Vacances bénéficiait de 52 sites exceptionnellement bien situés mais dont les structures, construites dans les années 1970, connaissaient un vieillissement inévitable. Il fallait engager un vaste et coûteux programme de modernisation de ses villages et résidences.

VVF Vacances devait aussi moderniser son offre et proposer un produit au meilleur rapport qualité-prix, pour une nouvelle génération de clientèle devenue plus exigeante.

La nécessité d'investir à des niveaux très importants pour assurer la croissance de l'entreprise, et pour permettre à ce grand acteur du tourisme en France d'acquérir une dimension européenne, a conduit la Caisse des Dépôts à rechercher un partenariat.

– **De VVF Vacances à Belambra VVF.** À la suite d'un appel d'offres, le capital de l'entreprise a été ouvert, en 2006, au fonds d'investissement Acto Finama (Groupama), à hauteur de 55 %, ainsi qu'à une centaine de cadres de VVF Vacances, pour 5 %. La Caisse des Dépôts est restée, avec une participation de 40 %, son actionnaire stratégique, pleinement engagé dans son développement.

VVF Vacances a ainsi été en mesure de conduire une politique de modernisation de son offre, de rénovation de son parc, d'acquisition et de commercialisation active.

Cette démarche de développement et d'innovation a été concrétisée, en novembre 2007, par l'adoption d'un nouveau nom : Belambra VVF.

– **Un chantier considérable de rénovation.** L'important chantier de rénovation entrepris en 2005 a été accéléré, afin qu'en 2010 tous les clubs Belambra VVF soient modernisés. Plus de 200 M€ d'investissements sur cinq ans sont consacrés à ce programme. Une stratégie qui s'avère payante, puisque les premiers clubs « nouvelle génération » ont vu leur carnet de commandes progresser de 30 % en moyenne la première année, attirant en particulier une clientèle étrangère croissante.

L'effort ne porte pas que sur les murs. Confort, hébergement, restauration, équipements de loisirs, espaces verts, animations : l'ensemble de l'offre adopte des standards plus élevés.

– **Modernisation et montée en gamme de l'offre.** Cette montée en gamme permet de répondre aux souhaits d'une clientèle de familles à plus hauts revenus, demandeuses de services de qualité. Elle correspond également aux attentes des familles européennes dont Belambra VVF veut accroître la fréquentation dans ses clubs afin d'en élargir les périodes de pleine activité.

La dynamique porte ses fruits, comme en témoignent la hausse de 9,5 % du volume d'affaires en 2007 sur le périmètre exploité, à 144 M€, et les 4,6 M€ de résultats d'exploitation dégagés. En outre, si Belambra VVF réalise déjà 10 % de son chiffre d'affaires auprès d'une clientèle étrangère, cette proportion s'élève à 30 % sur les sites rénovés.

– **Des opérations de croissance externe.** Le développement de Belambra VVF passe aussi par des opérations de croissance externe. L'entreprise a ainsi acquis en 2007, auprès de plusieurs caisses de retraite, pour un montant de 27,4 M€, sept nouveaux sites de vacances particulièrement bien situés, comme à Saint-Raphaël, Menton, Cannes... Elle a ainsi accru sa capacité d'accueil de 1 400 lits supplémentaires.

Dans les années à venir, Belambra VVF souhaite conclure d'autres opérations de ce type dont les effets de levier sont très importants.

Cette acquisition conforte Belambra VVF dans sa position de n° 1 des clubs de vacances en France. Ses 3 000 collaborateurs au plus fort de la saison accueillent quelque 500 000 clients chaque année, sur ses 60 sites qui comptent 9 000 logements et 40 000 lits.

– **Une politique commerciale active et innovante.** Afin de commercialiser de façon optimale ses nouveaux produits, Belambra VVF mise, outre ses points de vente et les traditionnels catalogues papier, sur des outils marketing réactifs. Elle propose ainsi sur Internet un véritable catalogue en ligne, qui cible la clientèle française mais aussi étrangère avec 6 versions européennes, en complément de l'accueil téléphonique multilingue.

Le succès est patent : Internet génère déjà 40 % du chiffre d'affaires de Belambra VVF.

Les présidents de la Commission de surveillance depuis 1816

- Jacques, Pierre Orillard, comte de Villemanzy
  1816-1819/1826-1828
  Pair de France
- Nicolas, François comte Mollien
  1819-1826/1831-1837
  Pair de France
- Jean-Louis Tourteau, marquis d'Orvilliers
  1828-1831
  Pair de France
- Antoine comte Roy
  1837-1847
  Député
- Charles, Louis, Gaston marquis d'Audiffret
  1847-1848
  Pair de France
- Michel Goudchaux
  1848-1849
  Député
- Pierre-Antoine Berryer
  1849-1851
  Député
- Antoine comte d'Argout
  1852-1857
  Pair de France
- Joseph baron de Lacrosse
  1857-1865
  Sénateur
- Gustave Rouland
  1865-1871
  Sénateur
- Louis Buffet
  1871-1876
  Député
- Charles, Théodore, Eugène Duclerc
  1876-1888
  Sénateur
- Eugène Gouin
  1888-1909
  Sénateur
- Maurice Rouvier
  1909-1911
  Sénateur
- Victor, Christophe, Gabriel Lourties
  1911-1920
  Sénateur
- Jean-Baptiste Bienvenu-Martin
  1920-1942
  Sénateur
- Louis Linÿer
  1943-1944
  Sénateur, représentant du Conseil national
- Joseph Denais
  1945-1955
  Député
- Pierre Courant
  1956-1962
  Député
- Aimé Paquet
  1962-1971
  Député
- Christian Bonnet
  1971-1972
  Député
- Michel Poniatowski
  1972-1973
  Député
- Robert Bisson
  1973-1981
  Député
- Dominique Taddéi
  1981-1985
  Député
- Philippe Sanmarco
  1985-1986
  Député
- Jean-Pierre Soisson
  1986-1988
  Député
- Christian Pierret
  1988-1993
  Député

- Jean-Pierre Delalande
1993-1997
Député
- Jean-Pierre Balligand
1997-2002
Député
- Philippe Auberger
2002-2007
Député
- Pierre Hériaud
2007
Député
- Michel Bouvard
2007-
Député

Les directeurs généraux depuis 1816

- Antoine baron Dutremblay
1816-1818
Conseiller auditeur
à la Chambre des Comptes
- Jules baron Pasquier
1818-1848
Conseiller d'État
- Gilbert Guillemot
1848-1873
Conseiller d'État
- Adrien Dufrayer
1873-1888
Conseiller d'État
- Jean, François, Marie Labeyrie
1888-1895
Trésorier-payeur général
- Gustave Vuarnier
1895-1898
Inspecteur général des Finances
- Émile Boutin
1898-1900
Conseiller d'État
- Albert Delatour
1900-1925
Conseiller d'État
- Jean Tannery
1925-1935
Directeur au ministère des Finances
- Henri Deroy*
1935-1945
Inspecteur général des Finances
- Jean Watteau
1945-1952
Inspecteur général des Finances
- François Bloch-Lainé
1952-1967
Inspecteur général des Finances
- Maurice Pérouse
1967-1982
Inspecteur général des Finances
- Robert Lion
1982-1992
Inspecteur général des Finances
- Philippe Lagayette
1992-1997
Inspecteur général des Finances
- Daniel Lebègue
1997-2002
Administrateur civil hors classe
- Francis Mayer
2002-2006
Administrateur civil hors classe
- Augustin de Romanet de Beaune
2007-
Administrateur civil hors classe

* En 1940, Henri Deroy est nommé secrétaire général des Finances. Maurice Chasse, secrétaire général, exerce, à titre temporaire, les fonctions de directeur général de la Caisse des Dépôts, jusqu'au retour d'Henri Deroy, en 1943.

TABLE DES MATIÈRES

Avant-propos 3

Introduction 5

Chapitre I – **Depuis 1816, la Caisse des Dépôts en mouvement** 17

I. Les textes fondateurs, 17 – II. Très vite, un développement considérable des missions et donc des ressources, 21 – III. La pédagogie de la prévoyance, 23 – IV. La problématique de l'emploi des fonds, 24 – V. Les financements au XIXe siècle et au début du XXe siècle, 26 – VI. L'après-guerre : financer la reconstruction, 29 – VII. Les Trente Glorieuses : financer la modernisation, 30 – VIII. La Caisse des Dépôts opérateur immobilier : la SCIC, 31 – IX. La Caisse des Dépôts opérateur de l'aménagement du territoire : la SCET, 32 – X. Démocratiser les vacances, 33 – XI. Le financement des entreprises, 34 – XII. D'une économie largement administrée à l'ouverture des circuits financiers, 35 – XIII. La Caisse des Dépôts centrale de services financiers, 36 – XIV. La banalisation du financement des collectivités locales, 37 – XV. Le premier intervenant obligataire de la Place de Paris, 38 – XVI. De la CAECL au Crédit Local de France, puis à Dexia, 39 – XVII. La mutation réussie de CNP Assurances, 40 – XVIII. Le banquier « direct » du logement social, 42 – XIX. Le financement de la politique de la ville, 43 – XX. L'évolution des filiales de services, 43 – XXI. Le capital-investissement dans les PME, 44 – XXII. Innovation financière et rôle de Place, 45 – XXIII. De la filialisation des métiers financiers concurrentiels à la création d'Ixis, 47.

Chapitre II – **La Caisse des Dépôts aujourd'hui** 51

I. « Un groupe public qui peut exercer des activités concurrentielles », 52 – II. La « fertilisation croisée » entre les secteurs public et concurrentiel, 53 – III. Un modèle économique original, 54 – IV. Les principales activités de l'Établissement public et du groupe aujourd'hui, 55 – V. Élan 2020, 56 – VI. La transformation de l'épargne populaire en financements d'intérêt général, 57 – VII. Un retraité sur cinq en France, 64 – VIII. La gestion des fonds protégés par la loi et les activités bancaires, 71 – IX. De la protection des fonds à celle des données administratives ou personnelles, 80 – X. La lutte contre le dérèglement climatique : la finance carbone, 81 – XI. Investir pour accompagner les politiques locales de développement, 84 – XII. Le soutien à la création d'emploi et à l'économie sociale, 93 – XIII. L'investisseur de long terme sur les marchés financiers, 94 – XIV. Le capital-investissement pour le développement des PME, 99 – XV. 22 millions d'assurés, dont 14 millions en France : CNP Assurances, 102 – XVI. Premier bailleur français, avec près de 262 000 logements : le groupe SNI, 105 – XVII. Icade, un acteur complet du marché de l'immobilier, 108 – XVIII. Les déplacements de 1,2 milliard de passagers par an : Transdev, 112 – XIX. Développement des infrastructures et aménagement des territoires : Egis, 116 – XX. L'industrie des loisirs pour le développement territorial : la CDA, 118 – XXI. Belambra VVF : le n° 1 des clubs de vacances en France, 122.

Les présidents de la Commission de surveillance et les directeurs généraux depuis 1816 125

Imprimé en France
par MD Impressions
73, avenue Ronsard, 41100 Vendôme
Octobre 2008 — N° 54 872